酒鬼一家

\Always Be with You/

一起实现的事

老炭头／著

百花洲文艺出版社
BAIHUAZHOU LITERATURE AND ART PRESS

Always Be with You 

2019

3月11日小胖生日
3月12日酒鬼生日
3月18日大胖生日
6月10日狮家生日
7月19日墨爷生日

一月

日	一	二	三	四	五	六
		1	2	3	4	5
6	7	8	9	10	11	12
13	14	15	16	17	18	19
20	21	22	23	24	25	26
27	28	29	30	31		

二月

日	一	二	三	四	五	六
					1	2
3	4	5	6	7	8	9
10	11	12	13	14	15	16
17	18	19	20	21	22	23
24	25	26	27	28		

三月

日	一	二	三	四	五	六
					1	2
3	4	5	6	7	8	9
10	11	12	13	14	15	16
17	18	19	20	21	22	23
24	25	26	27	28	29	30
31						

四月

日	一	二	三	四	五	六
	1	2	3	4	5	6
7	8	9	10	11	12	13
14	15	16	17	18	19	20
21	22	23	24	25	26	27
28	29	30				

五月

日	一	二	三	四	五	六
			1	2	3	4
5	6	7	8	9	10	11
12	13	14	15	16	17	18
19	20	21	22	23	24	25
26	27	28	29	30	31	

六月

日	一	二	三	四	五	六
						1
2	3	4	5	6	7	8
9	10	11	12	13	14	15
16	17	18	19	20	21	22
23	24	25	26	27	28	29
30						

七月

日	一	二	三	四	五	六
	1	2	3	4	5	6
7	8	9	10	11	12	13
14	15	16	17	18	19	20
21	22	23	24	25	26	27
28	29	30	31			

八月

日	一	二	三	四	五	六
				1	2	3
4	5	6	7	8	9	10
11	12	13	14	15	16	17
18	19	20	21	22	23	24
25	26	27	28	29	30	31

九月

日	一	二	三	四	五	六
1	2	3	4	5	6	7
8	9	10	11	12	13	14
15	16	17	18	19	20	21
22	23	24	25	26	27	28
29	30					

十月

日	一	二	三	四	五	六
		1	2	3	4	5
6	7	8	9	10	11	12
13	14	15	16	17	18	19
20	21	22	23	24	25	26
27	28	29	30	31		

十一月

日	一	二	三	四	五	六
					1	2
3	4	5	6	7	8	9
10	11	12	13	14	15	16
17	18	19	20	21	22	23
24	25	26	27	28	29	30

十二月

日	一	二	三	四	五	六
1	2	3	4	5	6	7
8	9	10	11	12	13	14
15	16	17	18	19	20	21
22	23	24	25	26	27	28
29	30	31				

酒鬼一家的成长时刻

2013

2013 年 10 月 19 日 星期六

接墨爷回家。

2013 年 10 月 21 日 星期一

墨爷第一次挨骂，因为它偷吃芦荟。

2013 年 10 月 23 日 星期三

第一次给墨爷洗澡。

2013 年 10 月 31 日 星期四

送给墨爷第一个礼物。

2013 年 11 月 23 日 星期六

墨爷第一次吃骨头。

2014

2014 年 4 月某天

怕墨爷孤单，和它商量再带回一只小狗。

2014 年 5 月 12 日 星期一

酒鬼到家。

2014 年 5 月 20 日 星期二

第一次给酒鬼洗澡。

2014.6.26 星期四

墨爷和酒鬼第一次闹矛盾，因为一根骨头！

2015

2015 年某夜

带墨爷、酒鬼散步，墨爷走丢后它自己找了回来。

2015 年 6 月 18 日 星期四

开通新浪微博，用来记录它们的成长。

2015 年 8 月 1 日 星期六

召开家庭会议。

2015 年 8 月 5 日 星期三

撕家到家啦！

2015.8.6 星期四

墨爷、酒鬼接受撕家啦！

2015 年 8 月 7 日 星期五

小家伙正式命名为“撕家”。

2015.9.30 星期三

撕家和墨爷抢玩具生气了。

2015 年 11 月 28 日 星期六

带酒鬼和墨爷去徒步露营。

2016

2016 年 3 月 12 日 星期六

酒鬼两岁生日，做了紫薯蛋糕。

2016 年 4 月 4 日 星期一

和墨爷商量绝育的事，它同意了。

2016 年 7 月 24 日 星期日

大腚到家啦！

2016 年 7 月 27 日 星期三
墨爷今天绝育。

2016.8.18 星期四
带撕家去参加亚洲宠物展啦！

2016.9.19 星期一
给大腚梳毛全靠运气。

2016 年 11 月 3 日 星期四
撕家又撕纸了！

2016 年 11 月 12 日 星期六
给大腚做了秋冬新款衣服，它好像不是很开心。

2017

2017 年 3 月 6 日 星期一
带酒鬼、墨爷和撕家一起去山里玩啦！

2017 年 3 月 12 日 星期日
酒鬼三岁啦！给它做了生日餐。

2017.5.14 星期日
今天带大腚去体检。

2017 年 6 月 2 日 星期五
给大腚买了太阳花。

2017 年 6 月 10 日 星期六
撕家生日，带墨爷、酒鬼和撕家出发去云南！

2017 年 7 月 8 日 星期六
旅行归来。

2017 年 10 月 17 日 星期二
小腚到家啦！

2017 年 10 月 22 日 星期日
小腚到家后第一次体检。

2017 年 12 月 1 日 星期五
带酒鬼去体检。

2017.12.30 星期六
撕家今天偷吃了三斤猫粮！

2018

2018.2.7 星期三

带墨爷去体检，一切安好！

2018.3.11 星期日

小腚一岁啦！

2018 年 3 月 12 日 星期一

酒鬼生日。

2018 年 3 月 13 日 星期二

第一次在新家给墨爷洗澡。

2018 年 5 月 24 日 星期四

发现小腚学会开门了！

2018 年 6 月 16 日 星期六

世界杯猜比赛胜负，酒鬼三连胜。

2018 年 9 月 14 日 星期五

带着墨爷、酒鬼和撕家出发去舟山啦！

2018.9.16 星期日

撕家在造物节名垂千“屎”！

2018 年 9 月 21 日 星期五

墨爷、酒鬼和撕家第一次下海玩耍。

2018 年 9 月 23 日 星期日

舟山归来。

2018 年 11 月 2 日 星期五

姐妹俩不知道谁又翻垃圾桶了。

2019

2019 年 1 月 1 日 星期二

新的一年，我们继续陪伴，继续长大。

ANNUAL PLAN

年度计划清单

一起实现的事

MONTHLY PLAN

月度计划清单

1

2

3

4

5

6

7

8

9

10

11

12

MONTHLY PLAN

月度计划清单

1
2
3
4
5
6
7
8
9
10
11
12

本周计划

MON

2

4

6

8

10

12

14

16

18

20

22

24

TUE

2
4
6
8
10
12
14
16
18
20
22
24

WED

2
4
6
8
10
12
14
16
18
20
22
24

THU

2
4
6
8
10
12
14
16
18
20
22
24

FRI

2
4
6
8
10
12
14
16
18
20
22
24

SAT

2
4
6
8
10
12
14
16
18
20
22
24

SUN

2
4
6
8
10
12
14
16
18
20
22
24

酒鬼一家的日常 vlog
日期：2015 年 9 月 9 日
关键词：最后一部

本周计划

MON

2
4
6
8
10
12
14
16
18
20
22
24

TUE

2
4
6
8
10
12
14
16
18
20
22
24

WED

2
4
6
8
10
12
14
16
18
20
22
24

THU

2
4
6
8
10
12
14
16
18
20
22
24

FRI

2
4
6
8
10
12
14
16
18
20
22
24

SAT

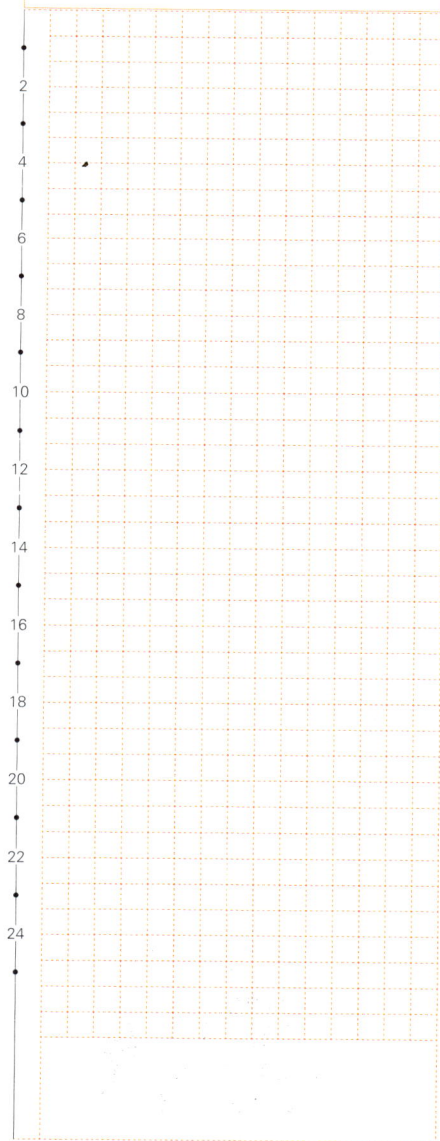

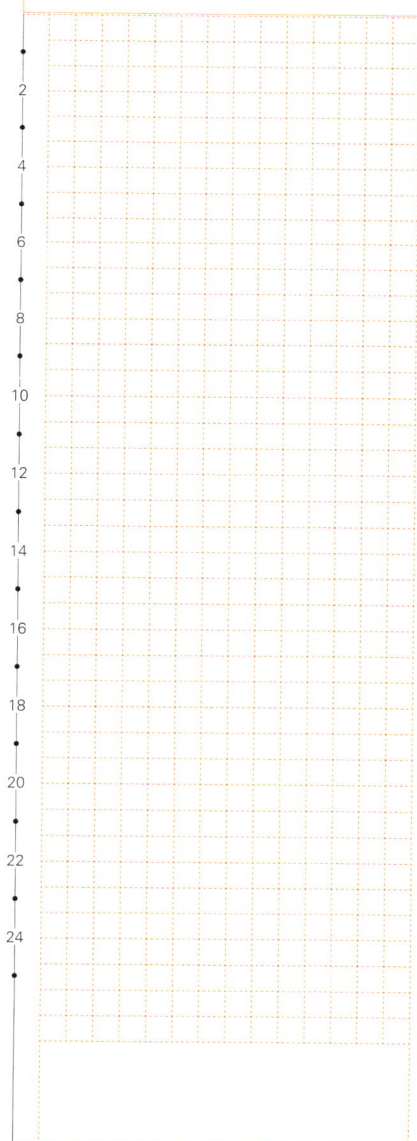

2
4
6
8
10
12
14
16
18
20
22
24

SUN

2
4
6
8
10
12
14
16
18
20
22
24

酒鬼一家的日常 vlog

日期：2015 年 10 月 11 日

关键词：一点都不好笑

本周计划

MON

2
4
6
8
10
12
14
16
18
20
22
24

TUE

2
4
6
8
10
12
14
16
18
20
22
24

WED

2
4
6
8
10
12
14
16
18
20
22
24

THU

2
4
6
8
10
12
14
16
18
20
22
24

FRI

2
4
6
8
10
12
14
16
18
20
22
24

SAT

2
4
6
8
10
12
14
16
18
20
22
24

SUN

2
4
6
8
10
12
14
16
18
20
22
24

酒鬼一家的日常 vlog
日期：2015 年 10 月 20 日
关键词：9 点带撕家出门

本周计划

MON

2
4
6
8
10
12
14
16
18
20
22
24

TUE

2
4
6
8
10
12
14
16
18
20
22
24

WED

2
4
6
8
10
12
14
16
18
20
22
24

THU

2
4
6
8
10
12
14
16
18
20
22
24

FRI

2
4
6
8
10
12
14
16
18
20
22
24

SAT

2
4
6
8
10
12
14
16
18
20
22
24

SUN

2
4
6
8
10
12
14
16
18
20
22
24

酒鬼一家的日常 vlog
日期：2015 年 10 月 24 日
关键词：美着呢

本周计划

MON

2
4
6
8
10
12
14
16
18
20
22
24

TUE	WED
2	2
4	4
6	6
8	8
10	10
12	12
14	14
16	16
18	18
20	20
22	22
24	24

THU

2
4
6
8
10
12
14
16
18
20
22
24

FRI

2
4
6
8
10
12
14
16
18
20
22
24

SAT	SUN
2	2
4	4
6	6
8	8
10	10
12	12
14	14
16	16
18	18
20	20
22	22
24	24

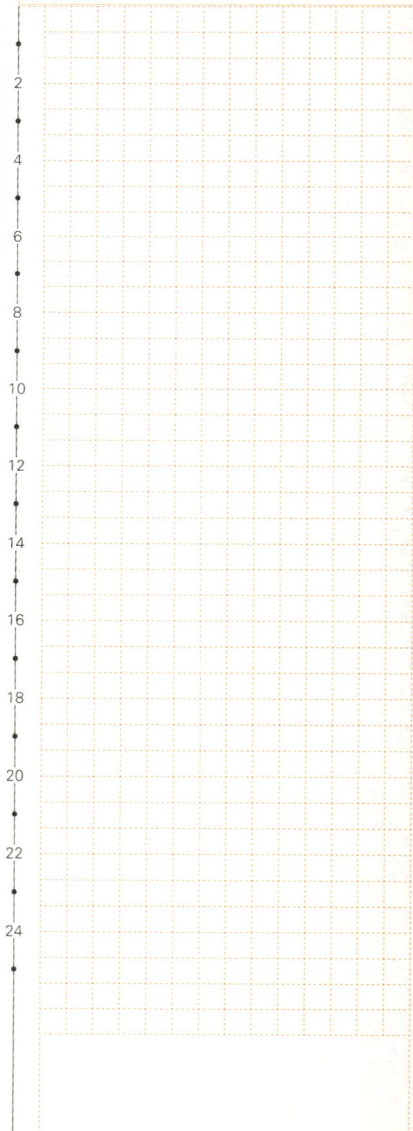

酒鬼一家的日常 vlog
日期：2015 年 11 月 1 日
关键词：小撕家

本周计划

MON

2
4
6
8
10
12
14
16
18
20
22
24

TUE

2
4
6
8
10
12
14
16
18
20
22
24

WED

2
4
6
8
10
12
14
16
18
20
22
24

THU

2
4
6
8
10
12
14
16
18
20
22
24

FRI

2
4
6
8
10
12
14
16
18
20
22
24

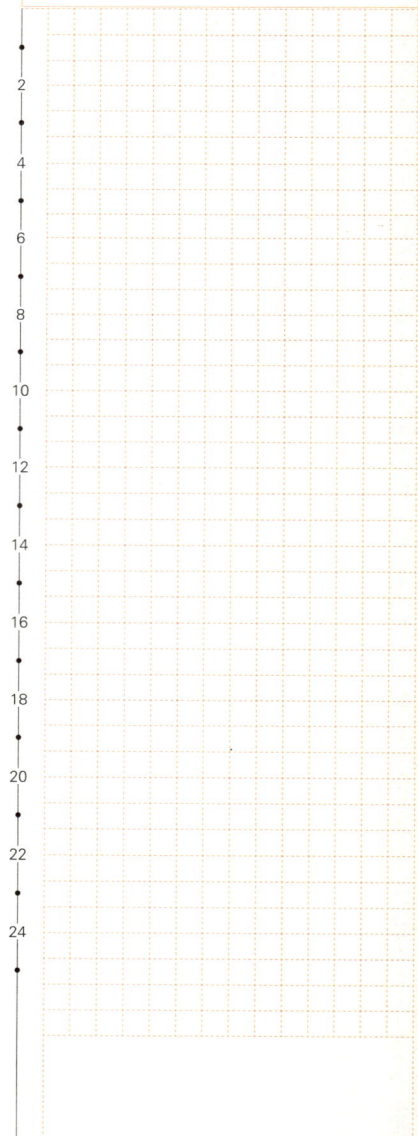

SAT

2
4
6
8
10
12
14
16
18
20
22
24

SUN

2
4
6
8
10
12
14
16
18
20
22
24

酒鬼一家的日常 vlog
日期：2015 年 11 月 23 日
关键词：做火锅喽

本周计划

MON

2
4
6
8
10
12
14
16
18
20
22
24

TUE

2
4
6
8
10
12
14
16
18
20
22
24

WED

2
4
6
8
10
12
14
16
18
20
22
24

THU

2
4
6
8
10
12
14
16
18
20
22
24

FRI

2
4
6
8
10
12
14
16
18
20
22
24

SAT

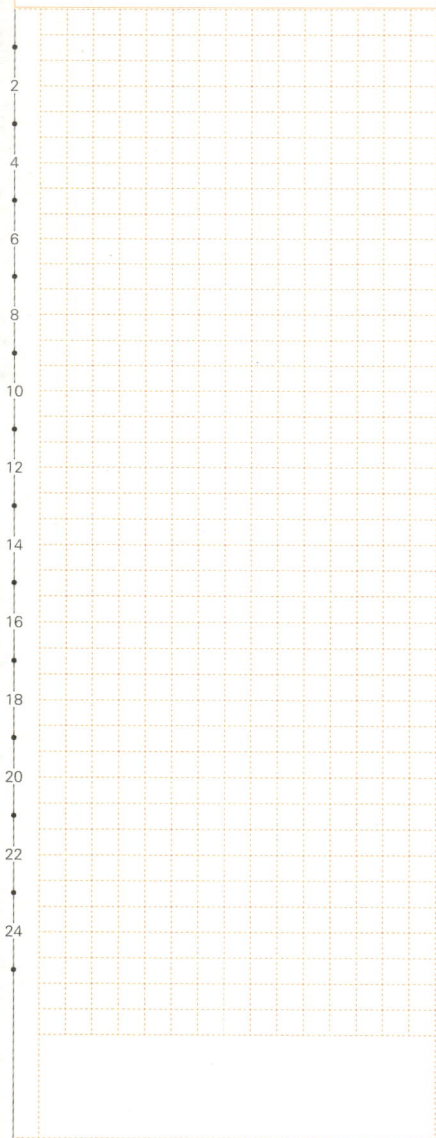

2
4
6
8
10
12
14
16
18
20
22
24

SUN

2
4
6
8
10
12
14
16
18
20
22
24

酒鬼一家的日常 vlog
日期：2015 年 12 月 18 日
关键词：往事一笔勾销可好？

本周计划

MON

2
4
6
8
10
12
14
16
18
20
22
24

TUE

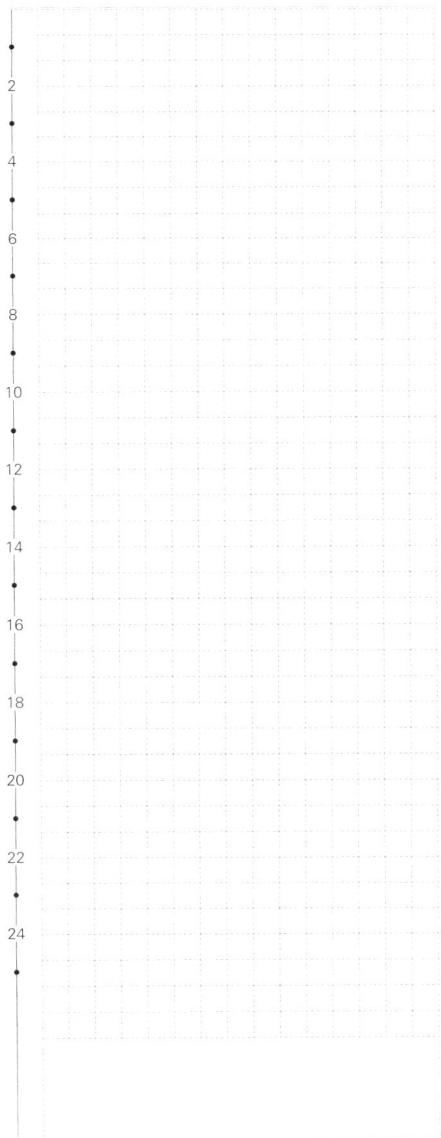

2
4
6
8
10
12
14
16
18
20
22
24

WED

2
4
6
8
10
12
14
16
18
20
22
24

THU

2
4
6
8
10
12
14
16
18
20
22
24

FRI

2
4
6
8
10
12
14
16
18
20
22
24

SAT

2
4
6
8
10
12
14
16
18
20
22
24

SUN

2
4
6
8
10
12
14
16
18
20
22
24

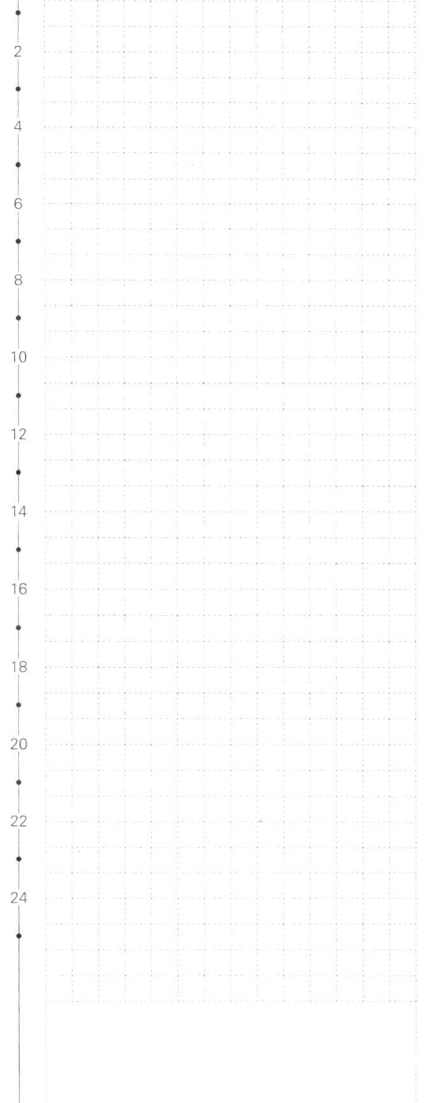

酒鬼一家的日常 vlog

日期：2015 年 12 月 18 日

关键词：用生命发出了最后一条微博，我要秃了

本周计划

MON

2
4
6
8
10
12
14
16
18
20
22
24

TUE

2
4
6
8
10
12
14
16
18
20
22
24

WED

2
4
6
8
10
12
14
16
18
20
22
24

THU

2
4
6
8
10
12
14
16
18
20
22
24

FRI

2
4
6
8
10
12
14
16
18
20
22
24

SAT

2
4
6
8
10
12
14
16
18
20
22
24

SUN

2
4
6
8
10
12
14
16
18
20
22
24

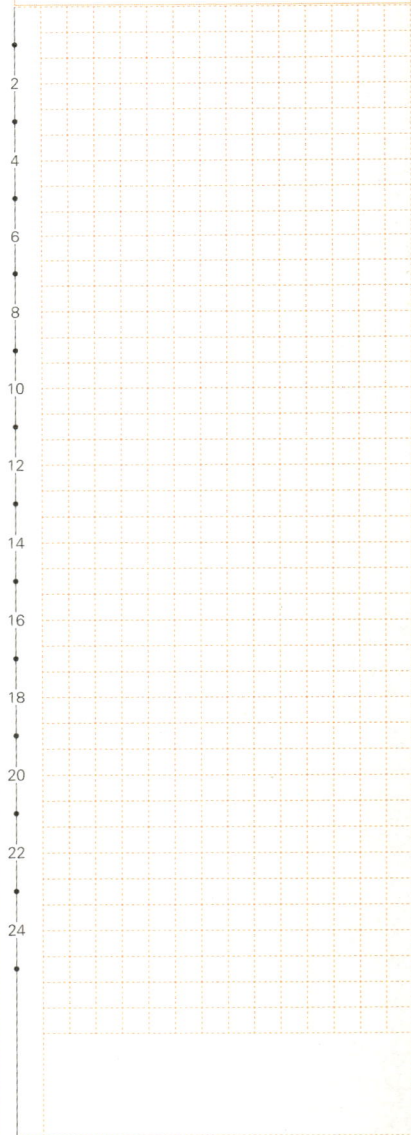

酒鬼一家的日常 vlog
日期：2015 年 12 月 22 日
关键词：听说圣诞节快来了

本周计划

MON

2
4
6
8
10
12
14
16
18
20
22
24

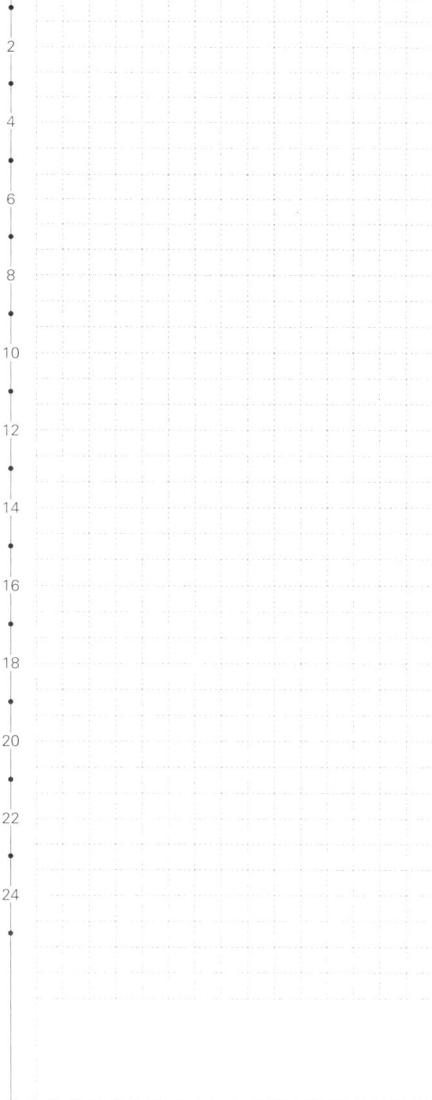

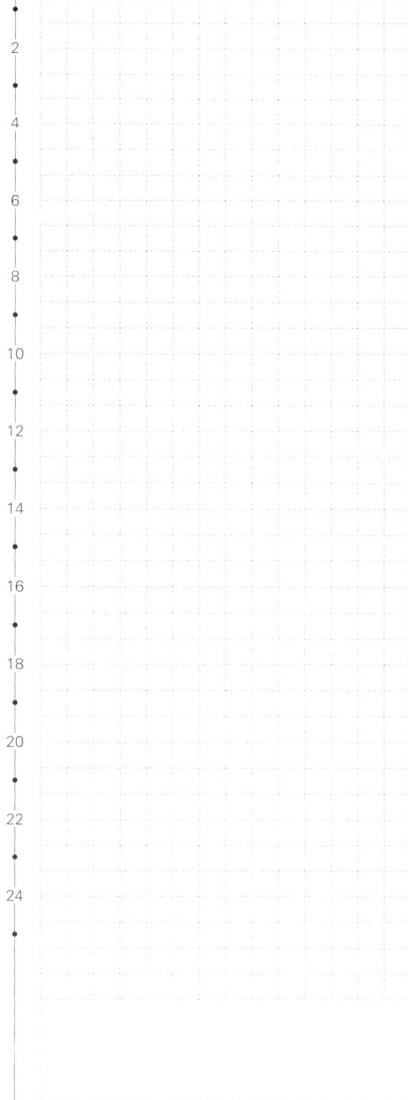

TUE

2
4
6
8
10
12
14
16
18
20
22
24

WED

2
4
6
8
10
12
14
16
18
20
22
24

THU

2
4
6
8
10
12
14
16
18
20
22
24

FRI

2
4
6
8
10
12
14
16
18
20
22
24

SAT

2
4
6
8
10
12
14
16
18
20
22
24

SUN

2
4
6
8
10
12
14
16
18
20
22
24

酒鬼一家的日常 vlog
日期：2016 年 1 月 3 日
关键词：阿拉洗碗撕家

本周计划

MON

2
4
6
8
10
12
14
16
18
20
22
24

TUE

2
4
6
8
10
12
14
16
18
20
22
24

WED

2
4
6
8
10
12
14
16
18
20
22
24

THU

2
4
6
8
10
12
14
16
18
20
22
24

FRI

2
4
6
8
10
12
14
16
18
20
22
24

SAT

2
4
6
8
10
12
14
16
18
20
22
24

SUN

2
4
6
8
10
12
14
16
18
20
22
24

酒鬼一家的日常 vlog
日期：2016 年 1 月 8 日
关键词：天塌下来有酒鬼顶着

本周计划

MON

2
4
6
8
10
12
14
16
18
20
22
24

TUE

2
4
6
8
10
12
14
16
18
20
22
24

WED

2
4
6
8
10
12
14
16
18
20
22
24

THU

2
4
6
8
10
12
14
16
18
20
22
24

FRI

2
4
6
8
10
12
14
16
18
20
22
24

SAT

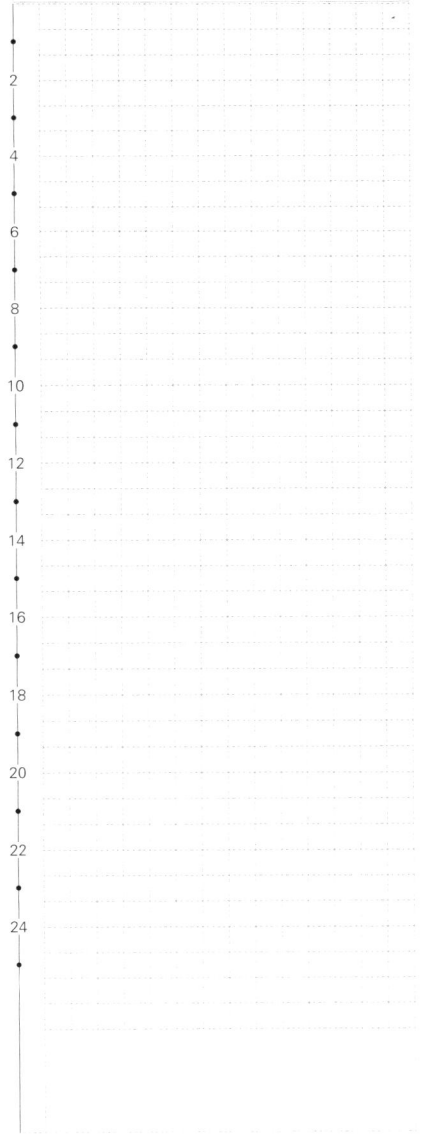

2
4
6
8
10
12
14
16
18
20
22
24

SUN

2
4
6
8
10
12
14
16
18
20
22
24

酒鬼一家的日常 vlog

日期：2016 年 1 月 9 日

关键词：专业黑撕家

本周计划

MON

2
4
6
8
10
12
14
16
18
20
22
24

TUE

2
4
6
8
10
12
14
16
18
20
22
24

WED

2
4
6
8
10
12
14
16
18
20
22
24

THU

2
4
6
8
10
12
14
16
18
20
22
24

FRI

2
4
6
8
10
12
14
16
18
20
22
24

SAT

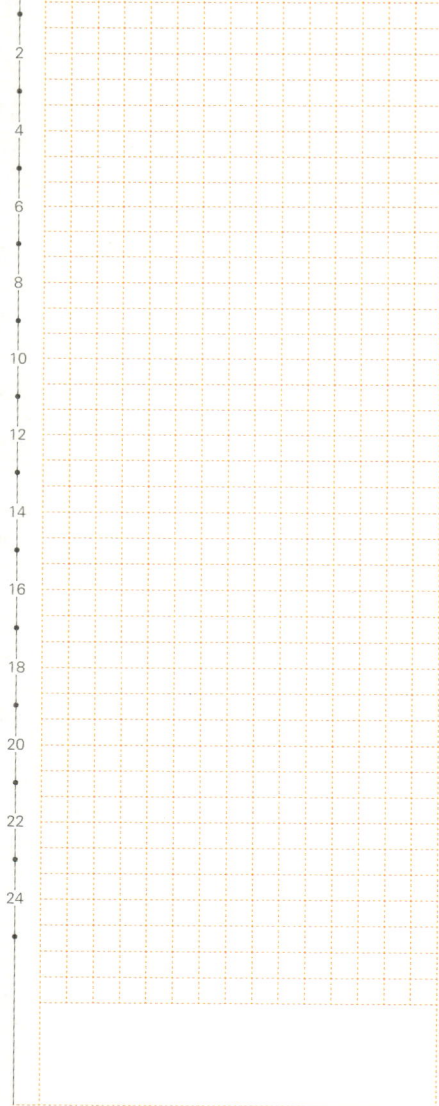

2
4
6
8
10
12
14
16
18
20
22
24

SUN

2
4
6
8
10
12
14
16
18
20
22
24

酒鬼一家的日常 vlog

日期：2016 年 1 月 10 日

关键词：该睡了同学们

本周计划

MON

2
4
6
8
10
12
14
16
18
20
22
24

TUE

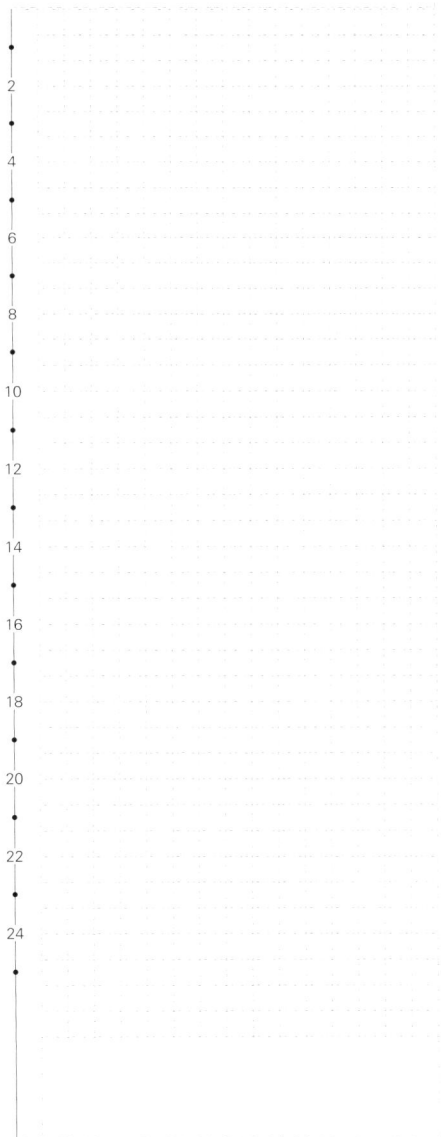

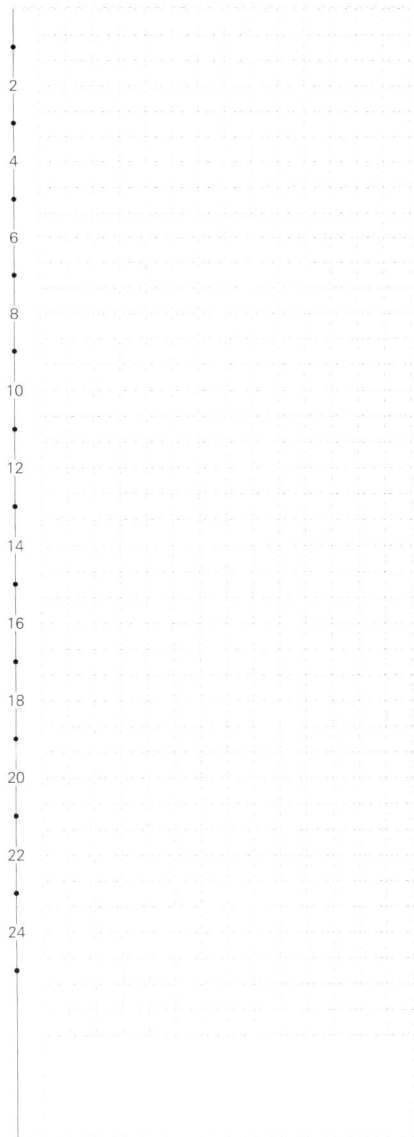

2
4
6
8
10
12
14
16
18
20
22
24

WED

2
4
6
8
10
12
14
16
18
20
22
24

THU

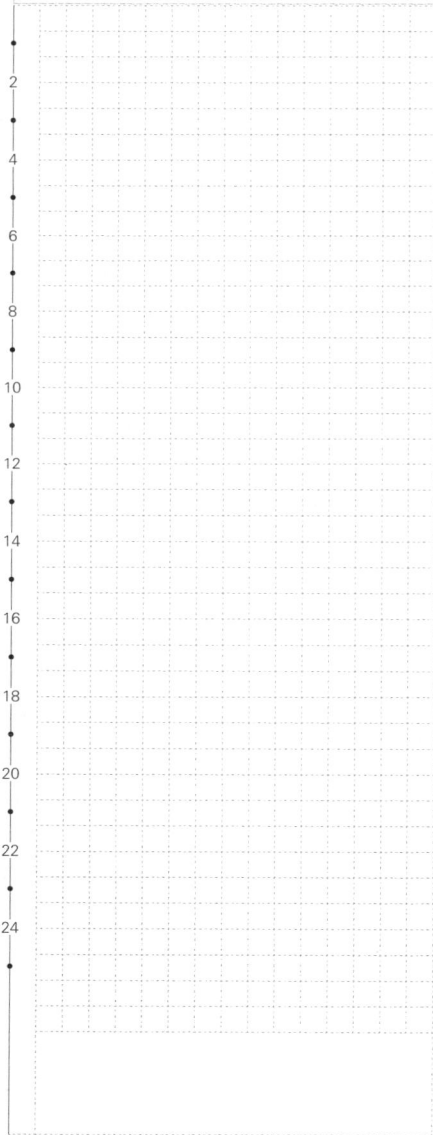

2
4
6
8
10
12
14
16
18
20
22
24

FRI

2
4
6
8
10
12
14
16
18
20
22
24

SAT

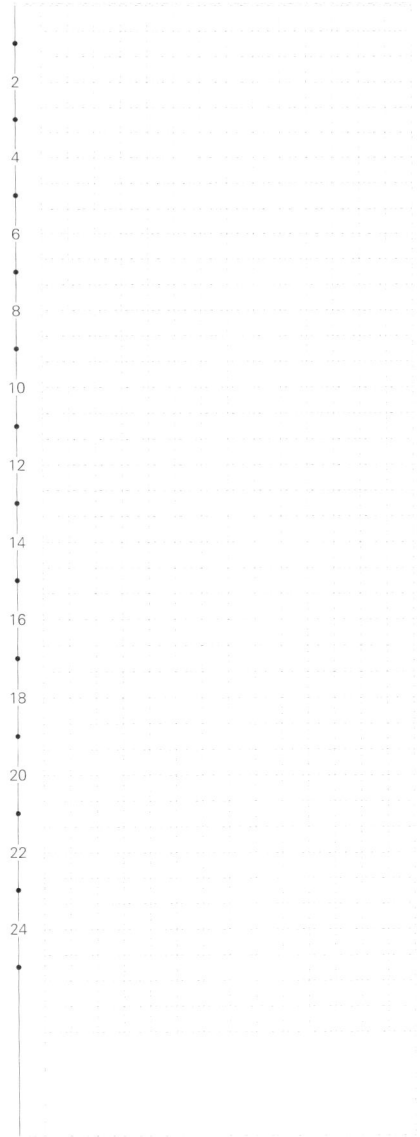

2
4
6
8
10
12
14
16
18
20
22
24

SUN

2
4
6
8
10
12
14
16
18
20
22
24

酒鬼一家的日常 vlog

日期：2016 年 1 月 13 日

关键词：每个优秀的表哥背后都有个默默承受的表弟

本周计划

MON

2
4
6
8
10
12
14
16
18
20
22
24

TUE

2
4
6
8
10
12
14
16
18
20
22
24

WED

2
4
6
8
10
12
14
16
18
20
22
24

THU	FRI
2	2
4	4
6	6
8	8
10	10
12	12
14	14
16	16
18	18
20	20
22	22
24	24

SAT	SUN
2	2
4	4
6	6
8	8
10	10
12	12
14	14
16	16
18	18
20	20
22	22
24	24

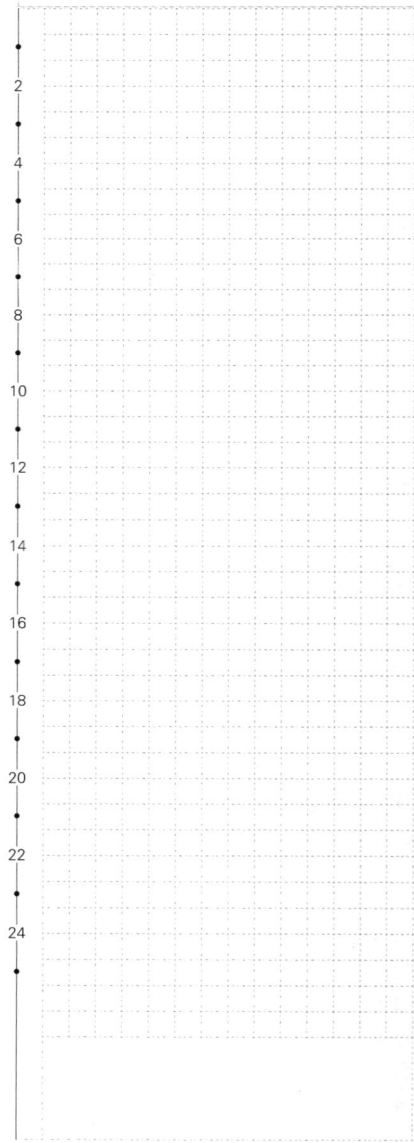

酒鬼一家的日常 vlog
日期：2016 年 1 月 13 日
关键词：那个优秀的表哥还在厕所

本周计划

MON

2
4
6
8
10
12
14
16
18
20
22
24

TUE

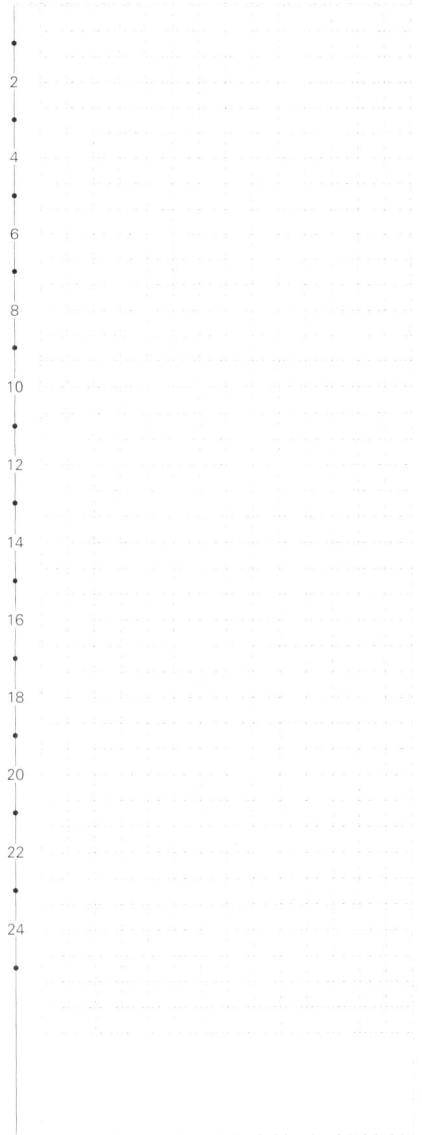

2
4
6
8
10
12
14
16
18
20
22
24

WED

2
4
6
8
10
12
14
16
18
20
22
24

THU

2
4
6
8
10
12
14
16
18
20
22
24

FRI

2
4
6
8
10
12
14
16
18
20
22
24

SAT

2
4
6
8
10
12
14
16
18
20
22
24

SUN

2
4
6
8
10
12
14
16
18
20
22
24

酒鬼一家的日常 vlog
日期：2016 年 1 月 15 日
关键词：2016 年最惨铲屎官装死视频

本周计划

MON

2
4
6
8
10
12
14
16
18
20
22
24

TUE

2
4
6
8
10
12
14
16
18
20
22
24

WED

2
4
6
8
10
12
14
16
18
20
22
24

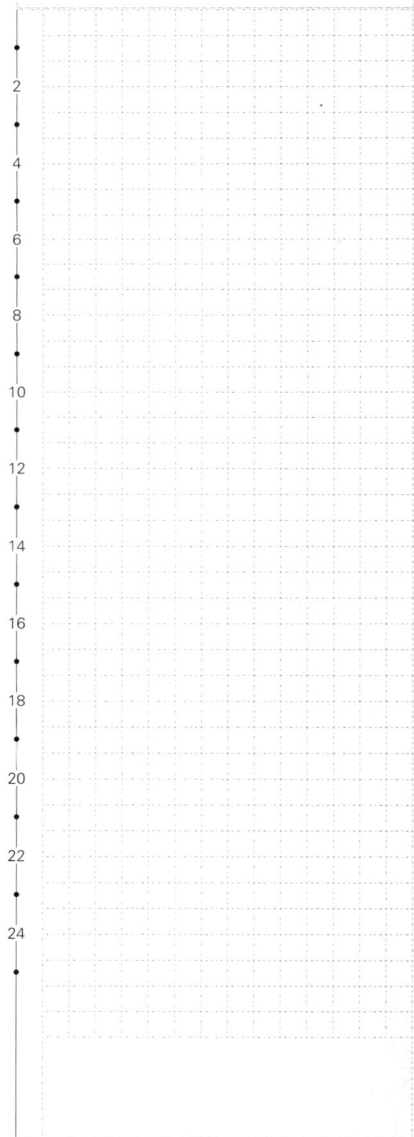

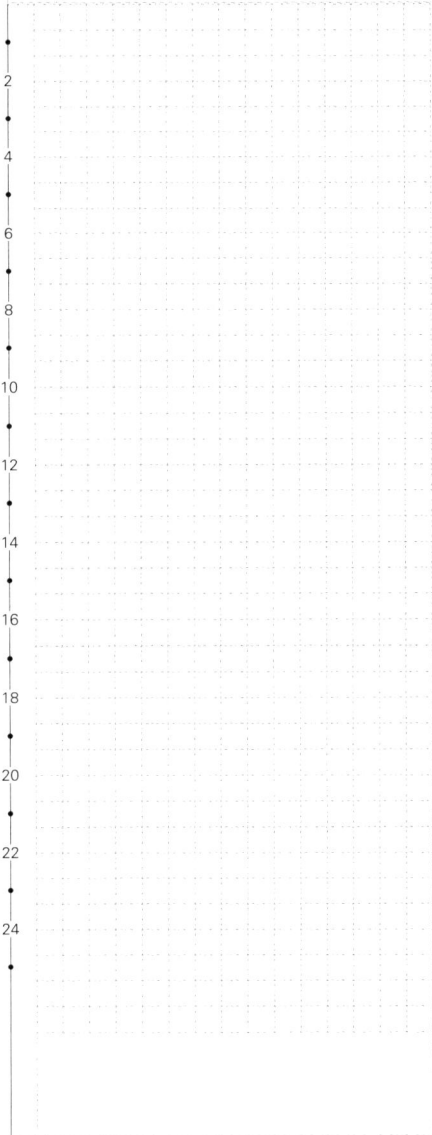

THU

2
4
6
8
10
12
14
16
18
20
22
24

FRI

2
4
6
8
10
12
14
16
18
20
22
24

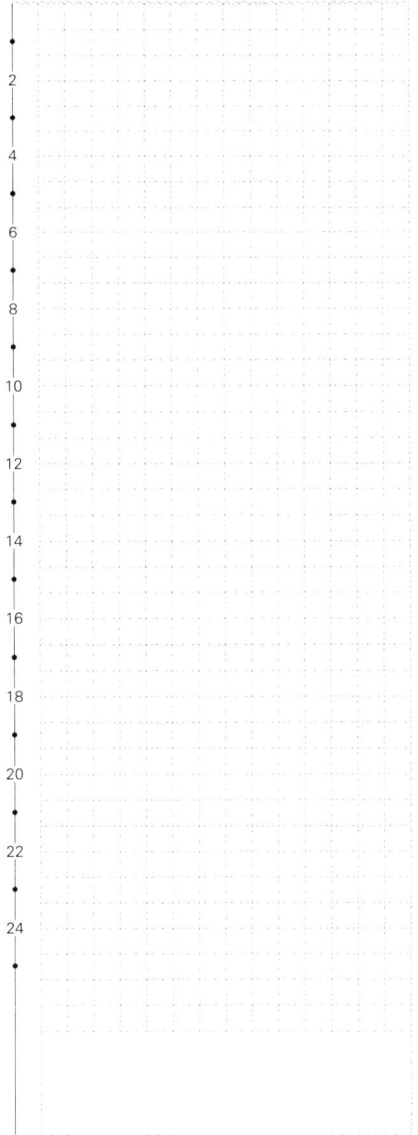

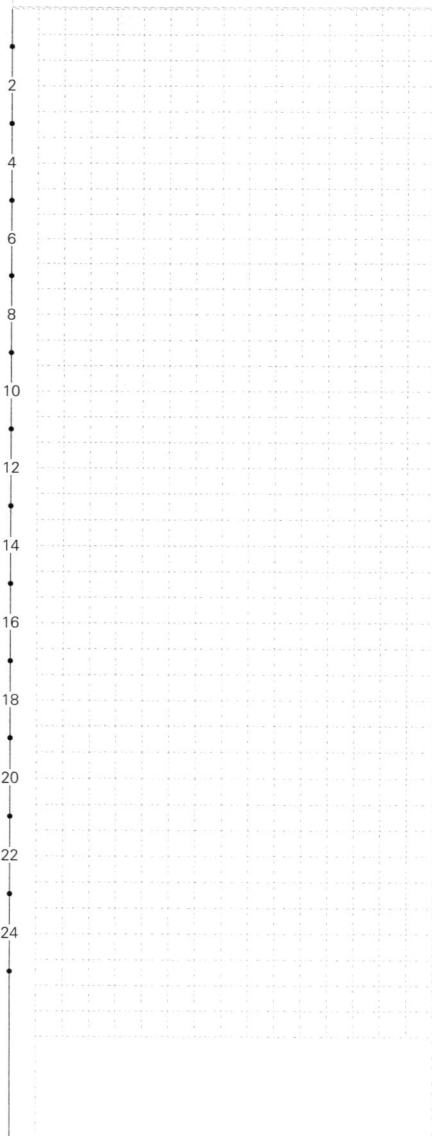

SAT

2
4
6
8
10
12
14
16
18
20
22
24

SUN

2
4
6
8
10
12
14
16
18
20
22
24

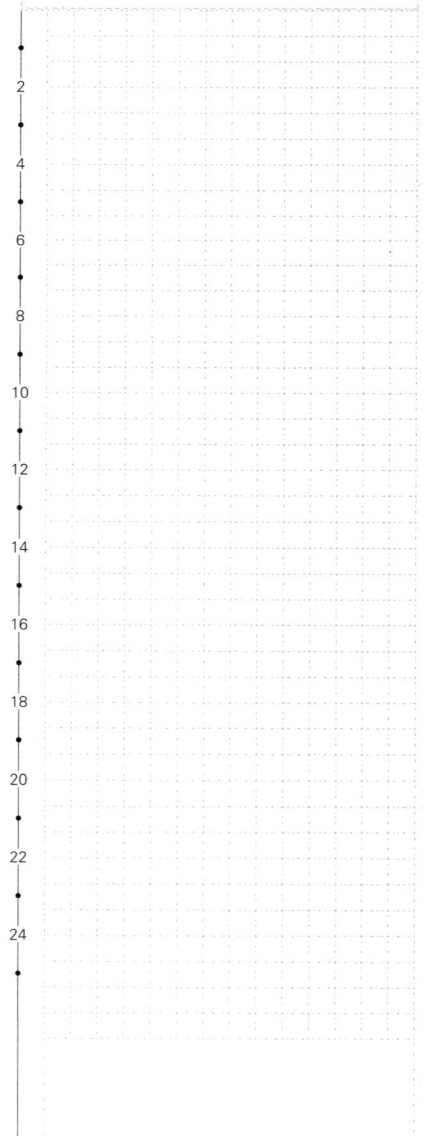

酒鬼一家的日常 vlog
日期：2016 年 1 月 26 日
关键词：特别声明，希望大家都能看到

本周计划

MON

2
4
6
8
10
12
14
16
18
20
22
24

TUE

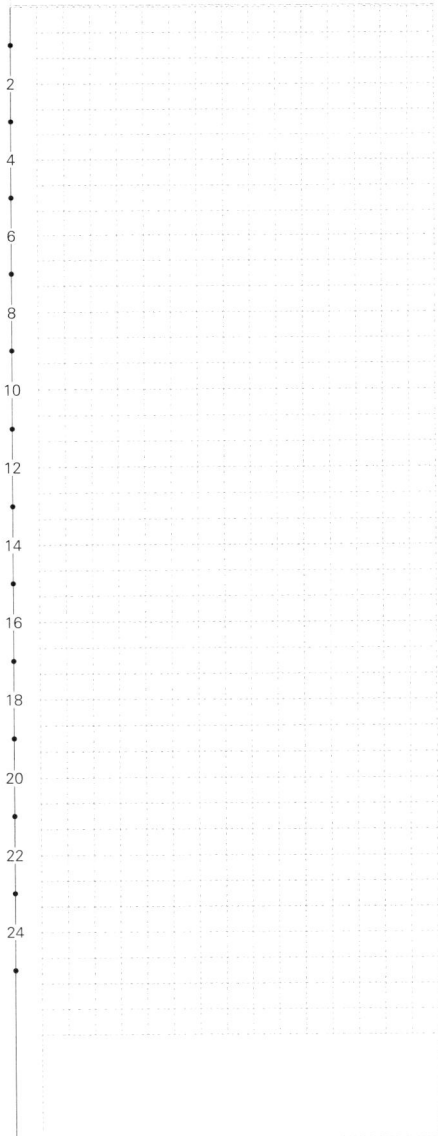

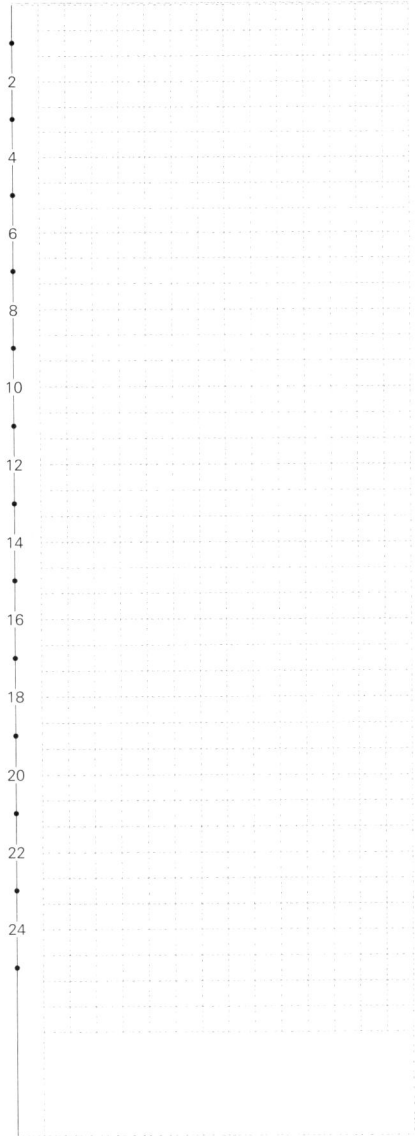

2
4
6
8
10
12
14
16
18
20
22
24

WED

2
4
6
8
10
12
14
16
18
20
22
24

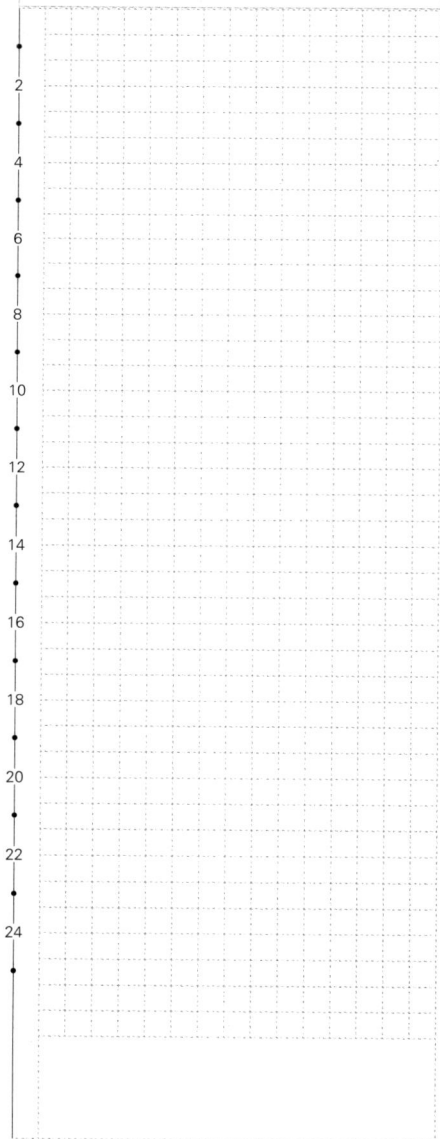

THU

2

4

6

8

10

12

14

16

18

20

22

24

FRI

2

4

6

8

10

12

14

16

18

20

22

24

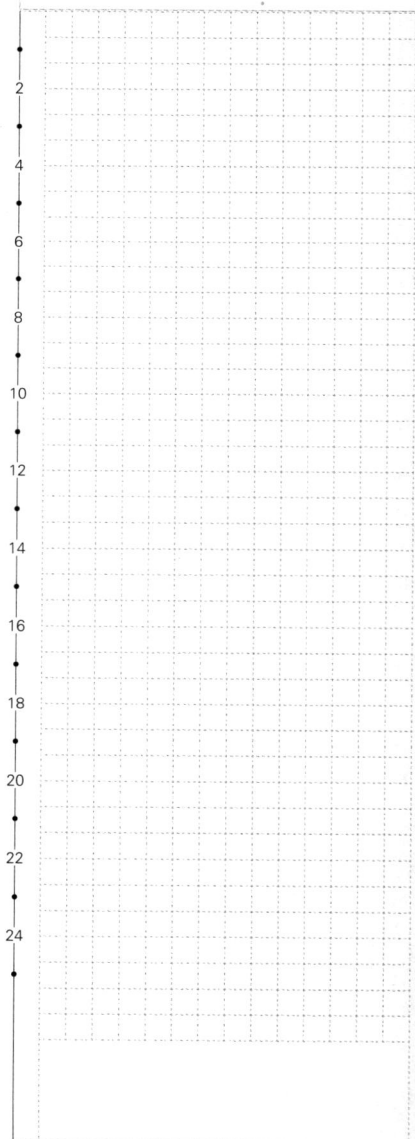

SAT

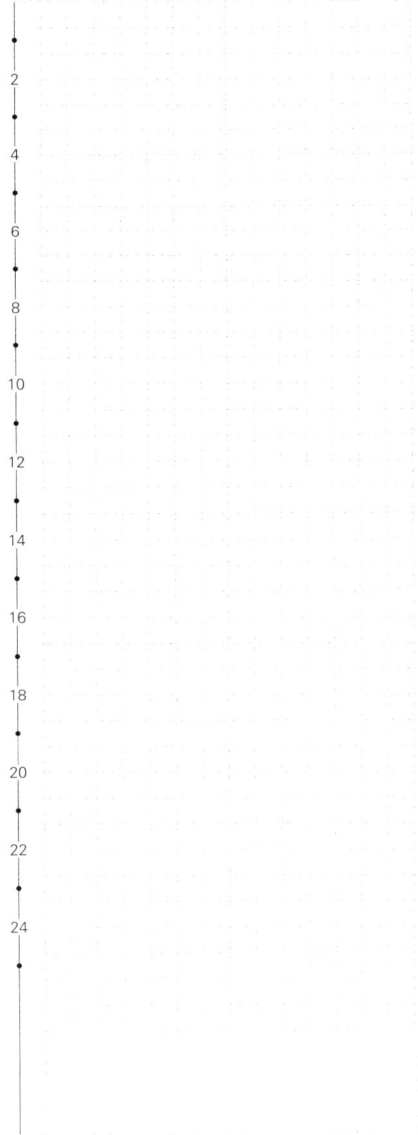

2
4
6
8
10
12
14
16
18
20
22
24

SUN

2
4
6
8
10
12
14
16
18
20
22
24

酒鬼一家的日常 vlog
日期：2016 年 1 月 28 日
关键词：又遇到大金哥

本周计划

MON

2
4
6
8
10
12
14
16
18
20
22
24

TUE

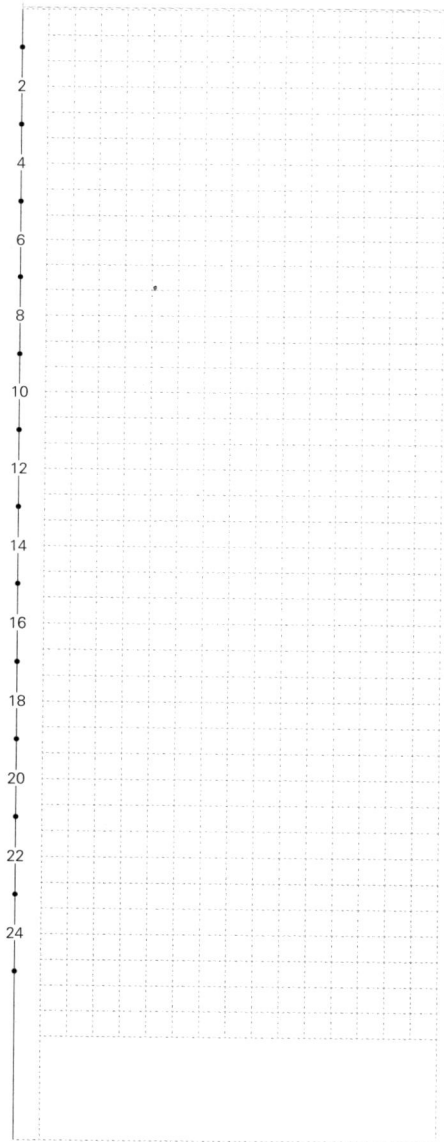

2
4
6
8
10
12
14
16
18
20
22
24

WED

2
4
6
8
10
12
14
16
18
20
22
24

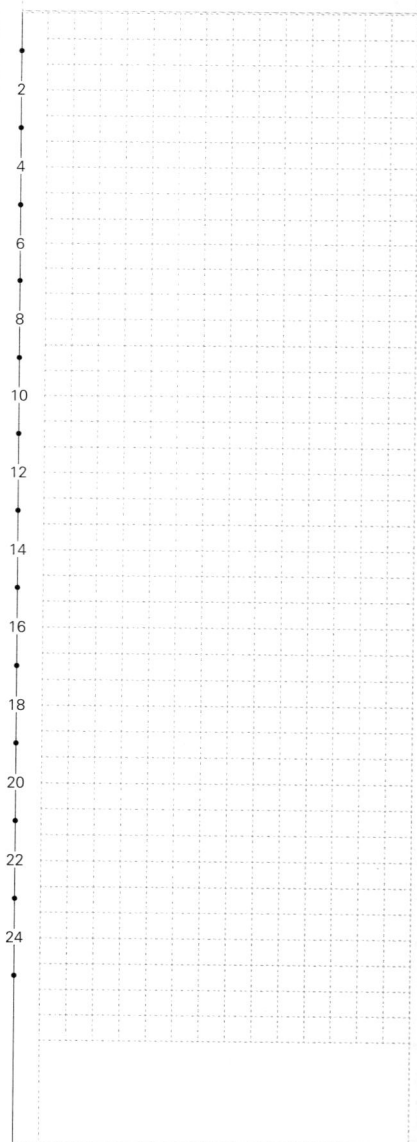

THU

2
4
6
8
10
12
14
16
18
20
22
24

FRI

2
4
6
8
10
12
14
16
18
20
22
24

SAT

2
4
6
8
10
12
14
16
18
20
22
24

SUN

2
4
6
8
10
12
14
16
18
20
22
24

酒鬼一家的日常 vlog

日期：2016 年 1 月 31 日

关键词：下雪就该出去嗨

本周计划

MON

2

4

6

8

10

12

14

16

18

20

22

24

TUE

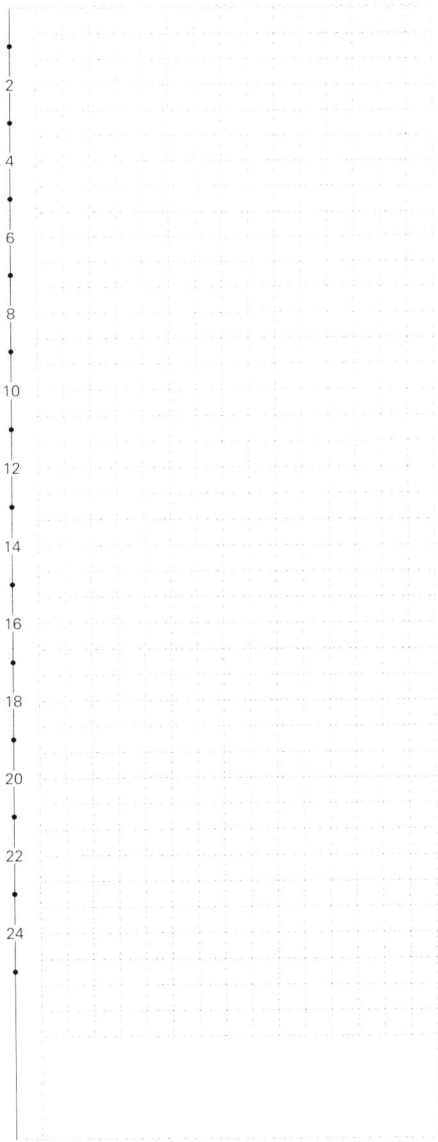

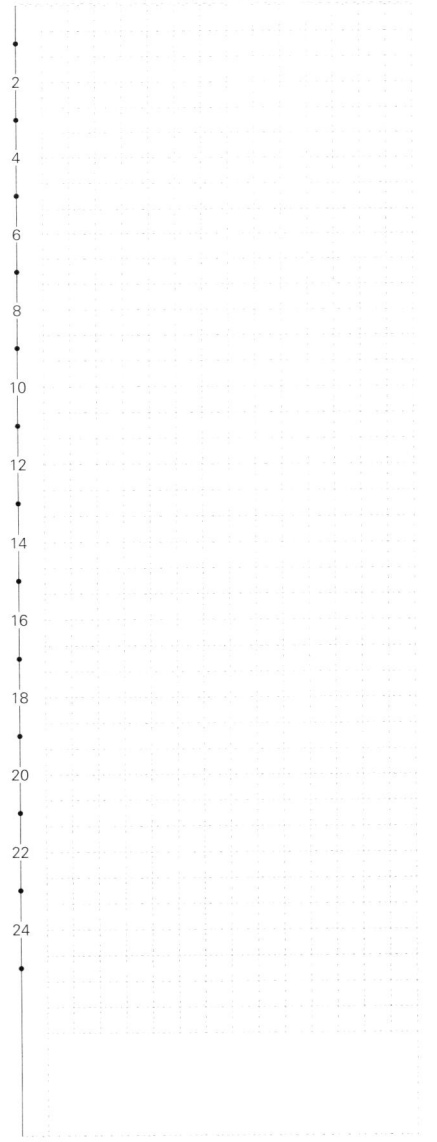

2
4
6
8
10
12
14
16
18
20
22
24

WED

2
4
6
8
10
12
14
16
18
20
22
24

THU

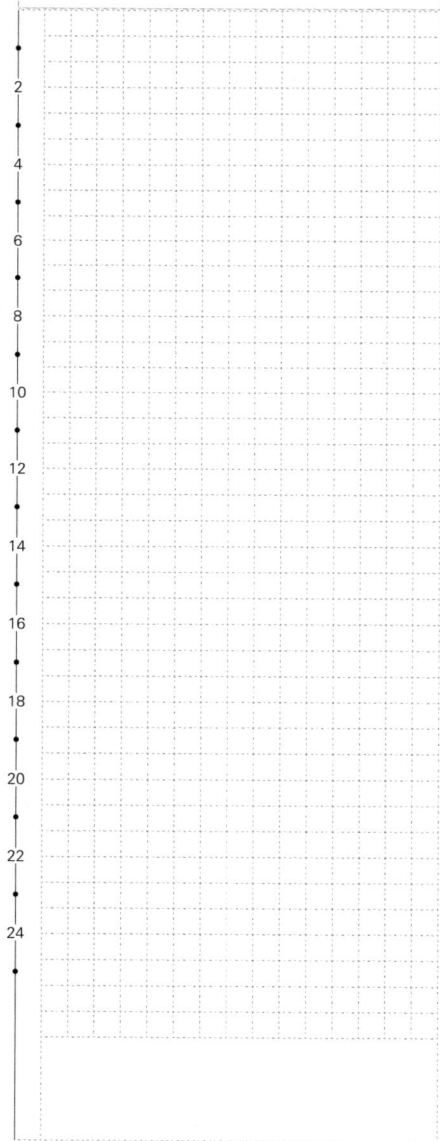

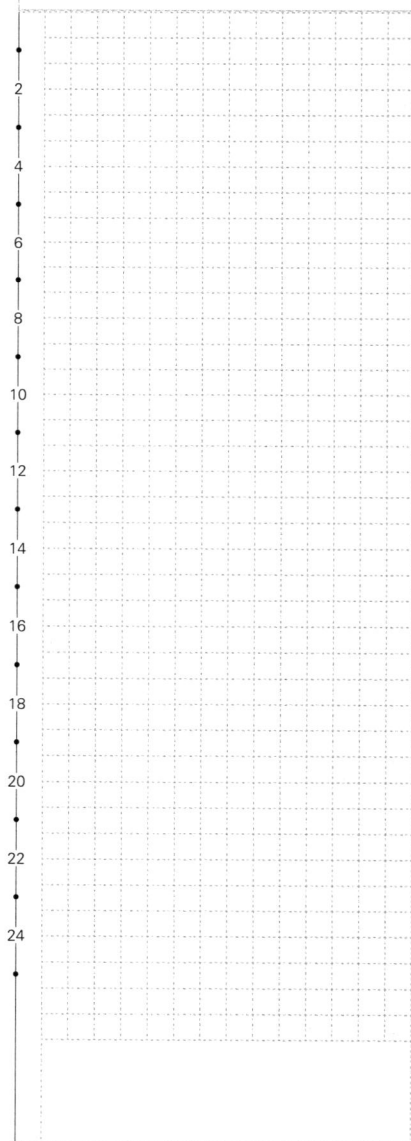

2
4
6
8
10
12
14
16
18
20
22
24

FRI

2
4
6
8
10
12
14
16
18
20
22
24

SAT

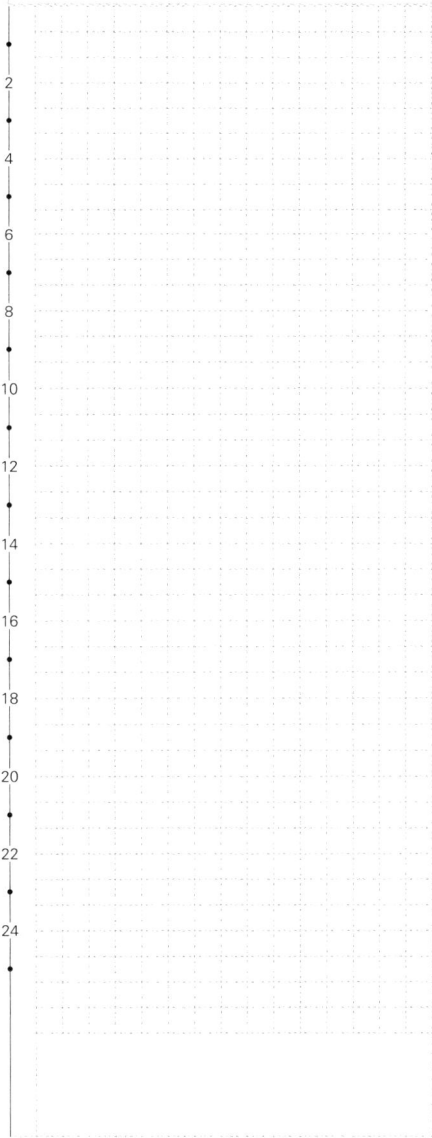

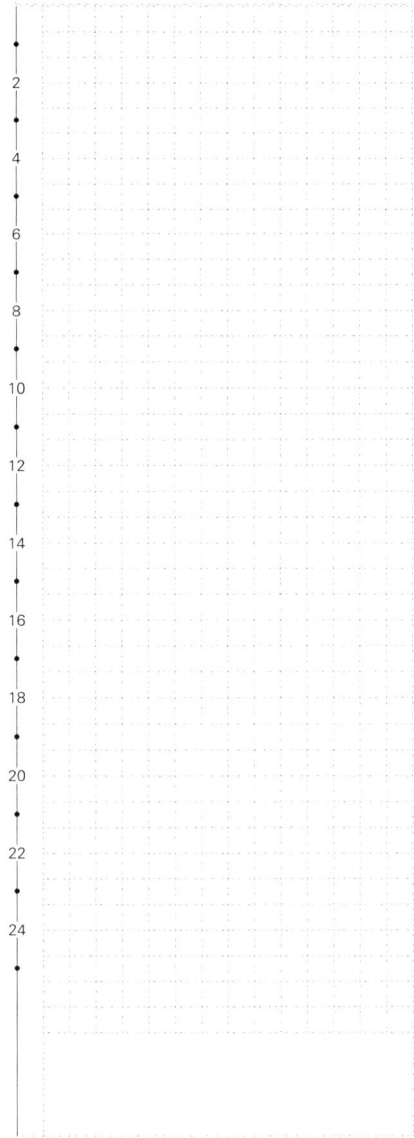

2
4
6
8
10
12
14
16
18
20
22
24

SUN

2
4
6
8
10
12
14
16
18
20
22
24

酒鬼一家的日常 vlog
日期：2016 年 2 月 9 日
关键词：撕家的特别之处

本周计划

MON

2
4
6
8
10
12
14
16
18
20
22
24

TUE

2
4
6
8
10
12
14
16
18
20
22
24

WED

2
4
6
8
10
12
14
16
18
20
22
24

THU

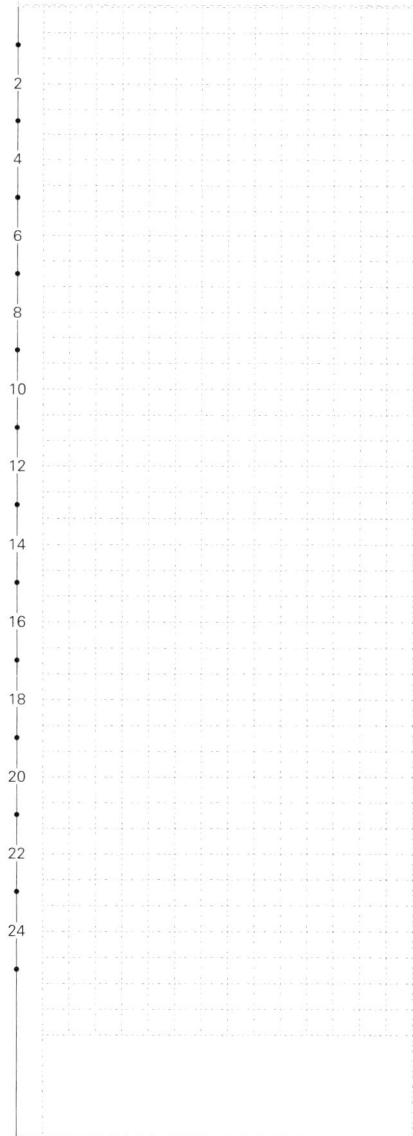

2
4
6
8
10
12
14
16
18
20
22
24

FRI

2
4
6
8
10
12
14
16
18
20
22
24

SAT

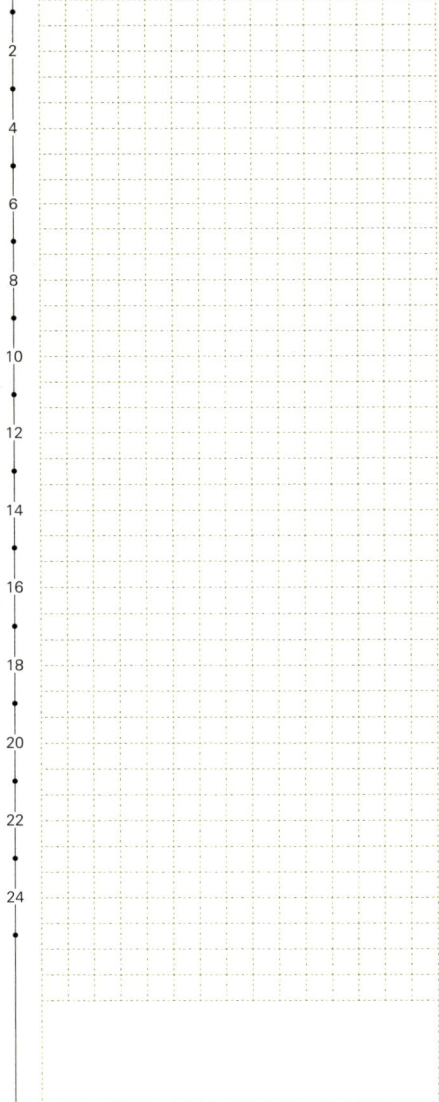

2
4
6
8
10
12
14
16
18
20
22
24

SUN

2
4
6
8
10
12
14
16
18
20
22
24

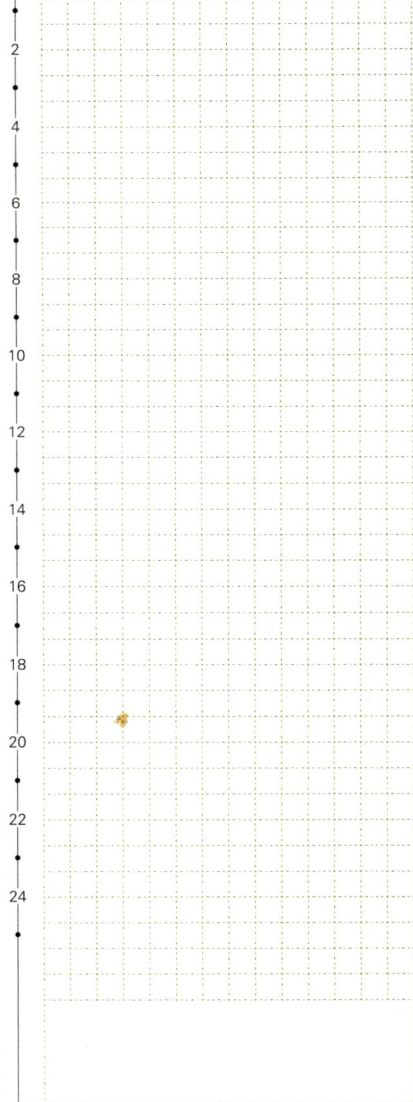

酒鬼一家的日常 vlog

日期：2016 年 2 月 12 日

关键词：遛狗喽

本周计划

MON

2
4
6
8
10
12
14
16
18
20
22
24

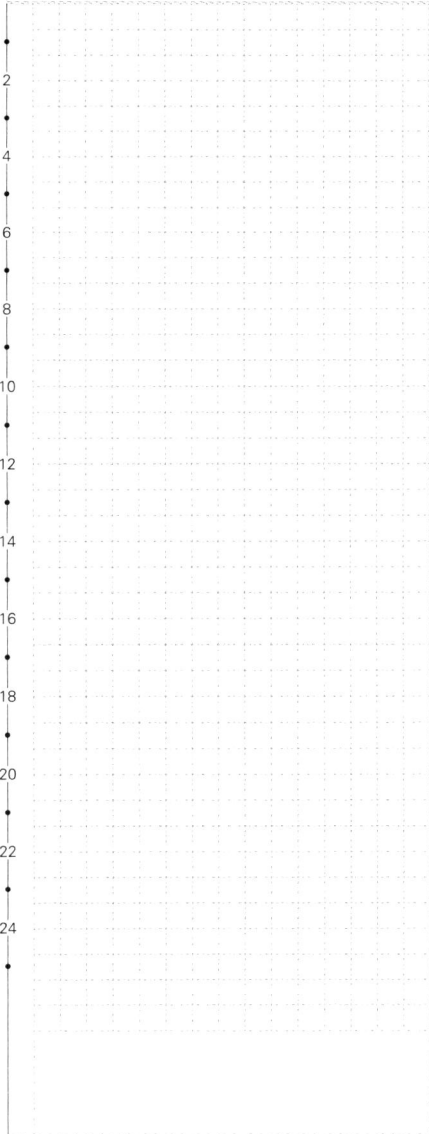

TUE

2
4
6
8
10
12
14
16
18
20
22
24

WED

2
4
6
8
10
12
14
16
18
20
22
24

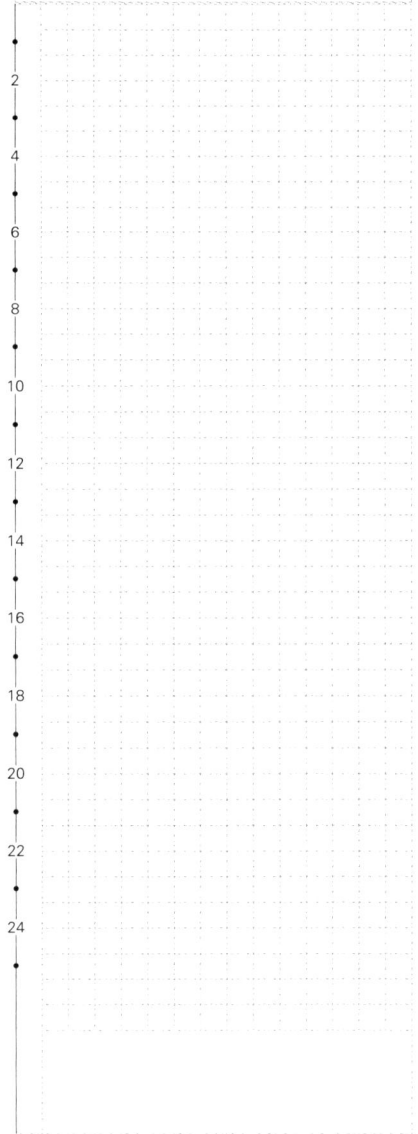

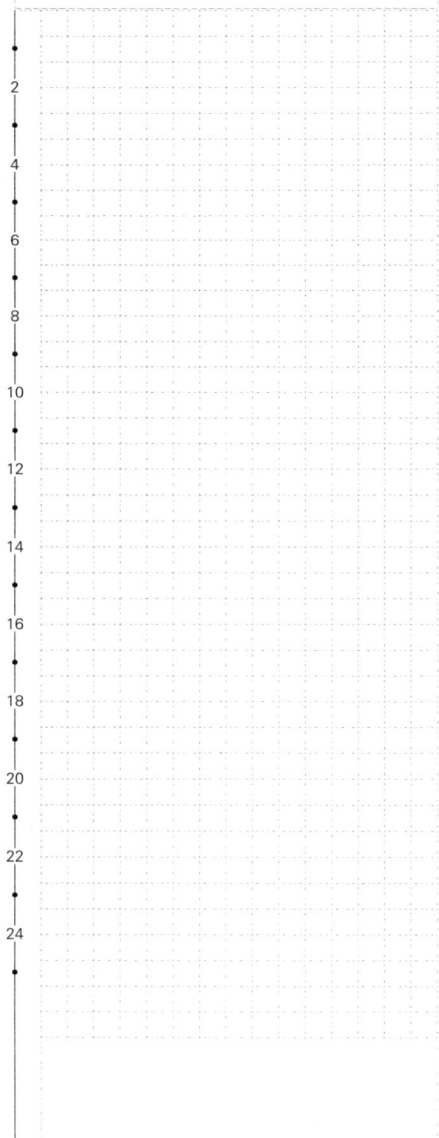

THU

2
4
6
8
10
12
14
16
18
20
22
24

FRI

2
4
6
8
10
12
14
16
18
20
22
24

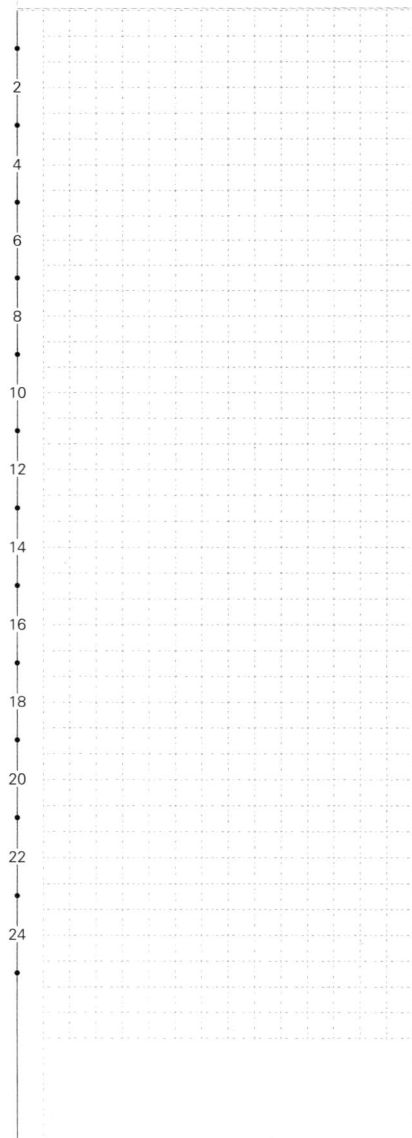

SAT

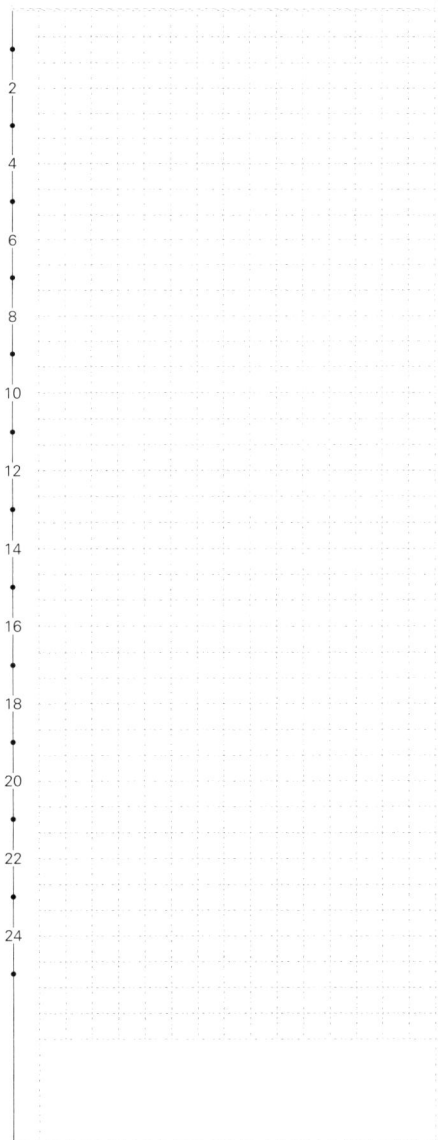

2
4
6
8
10
12
14
16
18
20
22
24

SUN

2
4
6
8
10
12
14
16
18
20
22
24

酒鬼一家的日常 vlog
日期：2016 年 2 月 15 日
关键词：没人敢连续看三遍

本周计划

MON

2

4

6

8

10

12

14

16

18

20

22

24

TUE

2
4
6
8
10
12
14
16
18
20
22
24

WED

2
4
6
8
10
12
14
16
18
20
22
24

THU

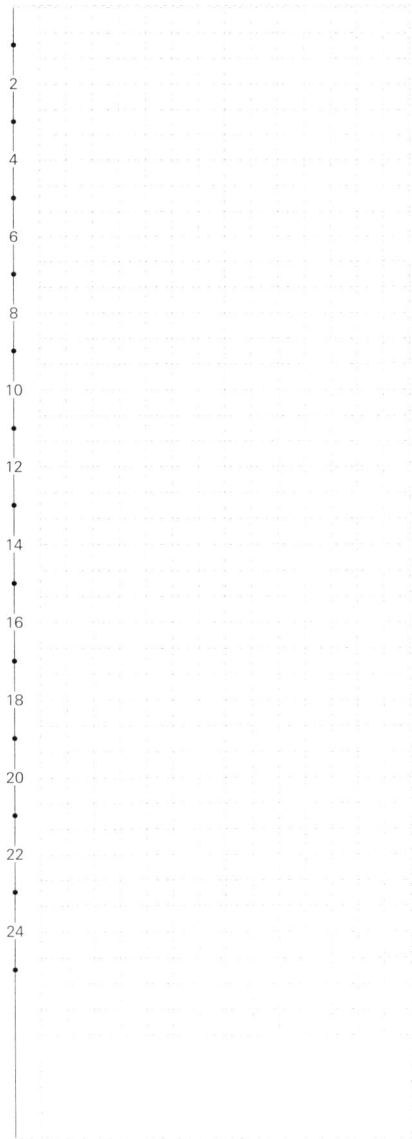

2
4
6
8
10
12
14
16
18
20
22
24

FRI

2
4
6
8
10
12
14
16
18
20
22
24

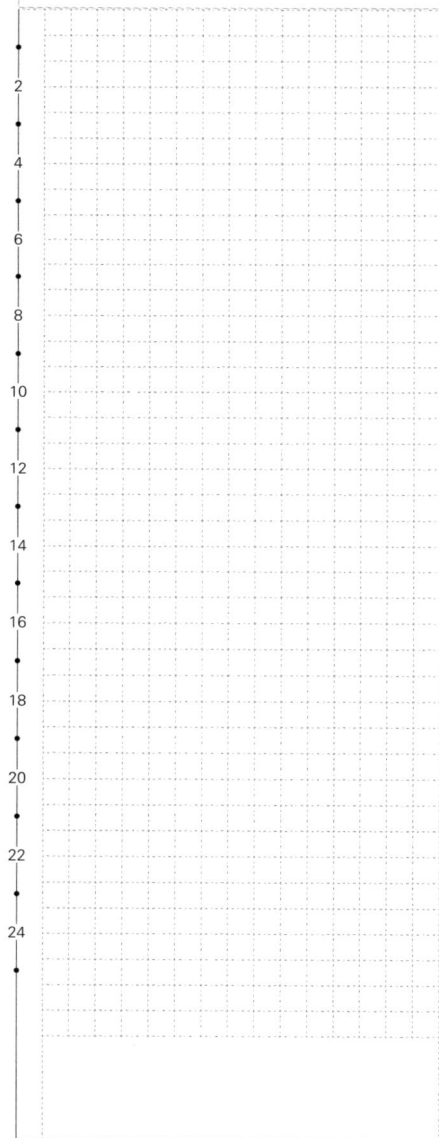

SAT

2
4
6
8
10
12
14
16
18
20
22
24

SUN

2
4
6
8
10
12
14
16
18
20
22
24

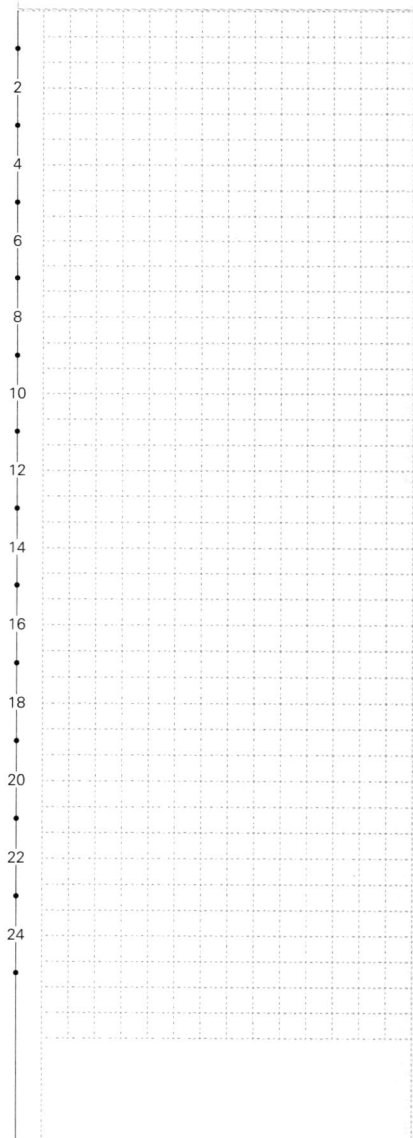

酒鬼一家的日常 vlog
日期：2016 年 3 月 15 日
关键词：我的邻居是网红之一酒鬼

本周计划

MON

2
4
6
8
10
12
14
16
18
20
22
24

Always Be with You

酒鬼一家の旅行

出远门儿

婺源路线（2018年3月）：

DAY1：抵达婺源——王安汇合

DAY2：石门山峡谷——油菜花田

DAY3：公园

DAY4：思延村——民宿——儿童游乐天地

DAY5：回家

舟山路线（2018年9月）：

DAY1：抵达杭州造物节——舟山入住

DAY2：大青山国家公园——海边堤坝

DAY3：白沙岛

DAY4：海上看日出——返回嵊泗岛

DAY5：基湖沙滩遇见大脸、白菜——嵊泗岛——枸杞岛

DAY6：东崖绝壁看日出——海上牧场——基湖沙滩

DAY7：回家

黑红灰白花
乌黑老炭头

TUE	WED
2	2
4	4
6	6
8	8
10	10
12	12
14	14
16	16
18	18
20	20
22	22
24	24

THU

2
4
6
8
10
12
14
16
18
20
22
24

FRI

2
4
6
8
10
12
14
16
18
20
22
24

SAT

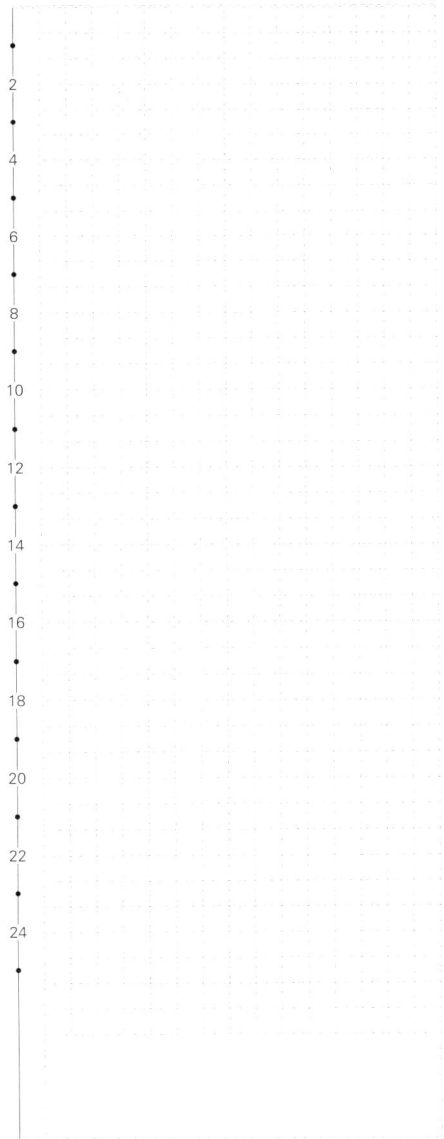

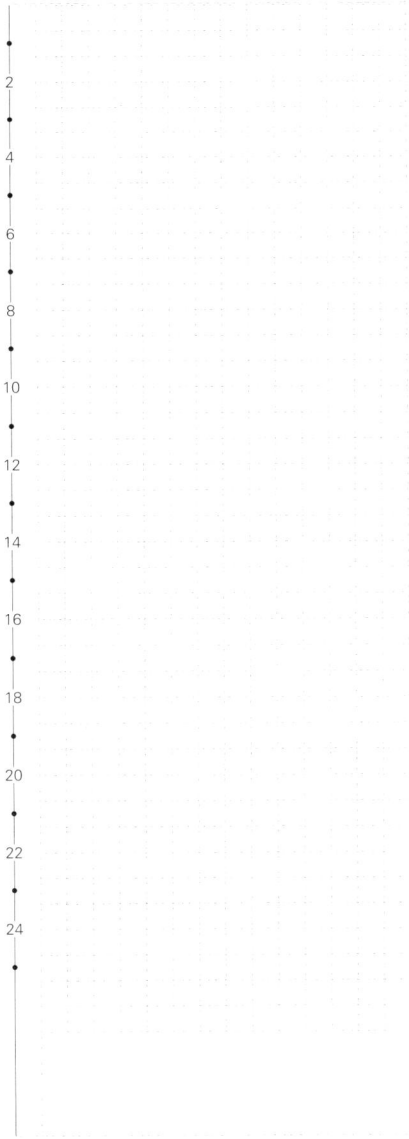

2
4
6
8
10
12
14
16
18
20
22
24

SUN

2
4
6
8
10
12
14
16
18
20
22
24

酒鬼一家的日常 vlog
日期：2016 年 3 月 17 日
关键词：今天为什么产量似母猪

本周计划

MON

2
4
6
8
10
12
14
16
18
20
22
24

TUE

2
4
6
8
10
12
14
16
18
20
22
24

WED

2
4
6
8
10
12
14
16
18
20
22
24

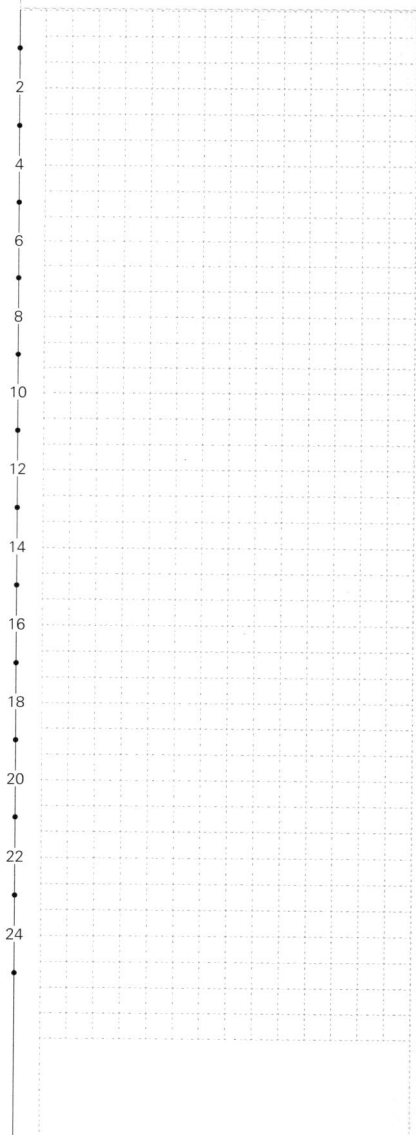

THU

2
4
6
8
10
12
14
16
18
20
22
24

FRI

2
4
6
8
10
12
14
16
18
20
22
24

SAT

2
4
6
8
10
12
14
16
18
20
22
24

SUN

2
4
6
8
10
12
14
16
18
20
22
24

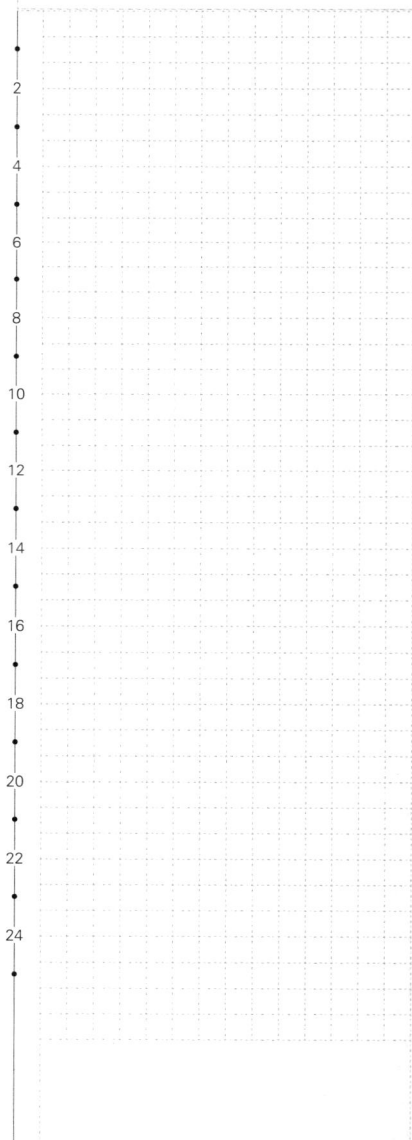

酒鬼一家的日常 vlog

日期：2016 年 3 月 18 日

关键词：我的邻居是网红之二酒鬼

本周计划

MON

2
4
6
8
10
12
14
16
18
20
22
24

TUE

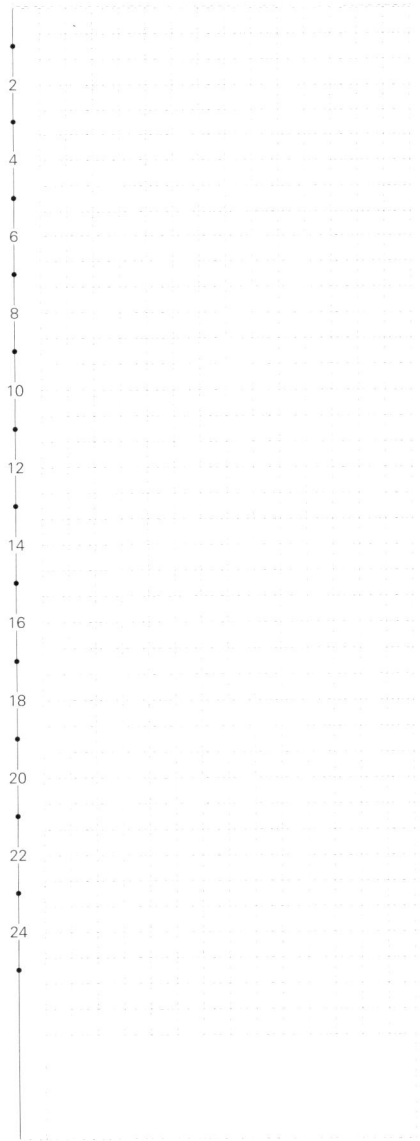

2
4
6
8
10
12
14
16
18
20
22
24

WED

2
4
6
8
10
12
14
16
18
20
22
24

THU

2
4
6
8
10
12
14
16
18
20
22
24

FRI

2
4
6
8
10
12
14
16
18
20
22
24

SAT

2
4
6
8
10
12
14
16
18
20
22
24

SUN

2
4
6
8
10
12
14
16
18
20
22
24

酒鬼一家的日常 vlog

日期：2016 年 3 月 24 日

关键词：酒鬼完胜

本周计划

MON

2
4
6
8
10
12
14
16
18
20
22
24

TUE

2
4
6
8
10
12
14
16
18
20
22
24

WED

2
4
6
8
10
12
14
16
18
20
22
24

THU

2
4
6
8
10
12
14
16
18
20
22
24

FRI

2
4
6
8
10
12
14
16
18
20
22
24

SAT

2
4
6
8
10
12
14
16
18
20
22
24

SUN

2
4
6
8
10
12
14
16
18
20
22
24

酒鬼一家的日常 vlog
日期：2016 年 3 月 26 日
关键词：全民健身模式

本周计划

MON

2
4
6
8
10
12
14
16
18
20
22
24

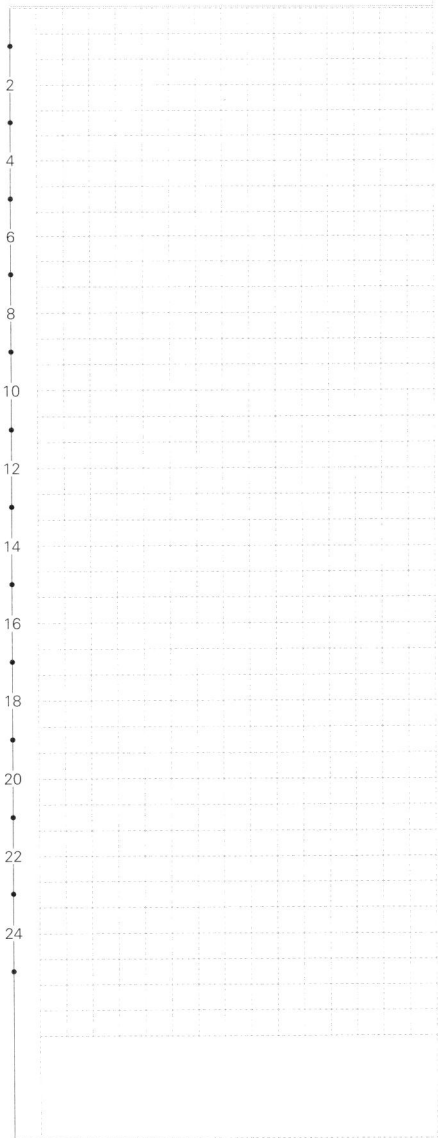

TUE

2
4
6
8
10
12
14
16
18
20
22
24

WED

2
4
6
8
10
12
14
16
18
20
22
24

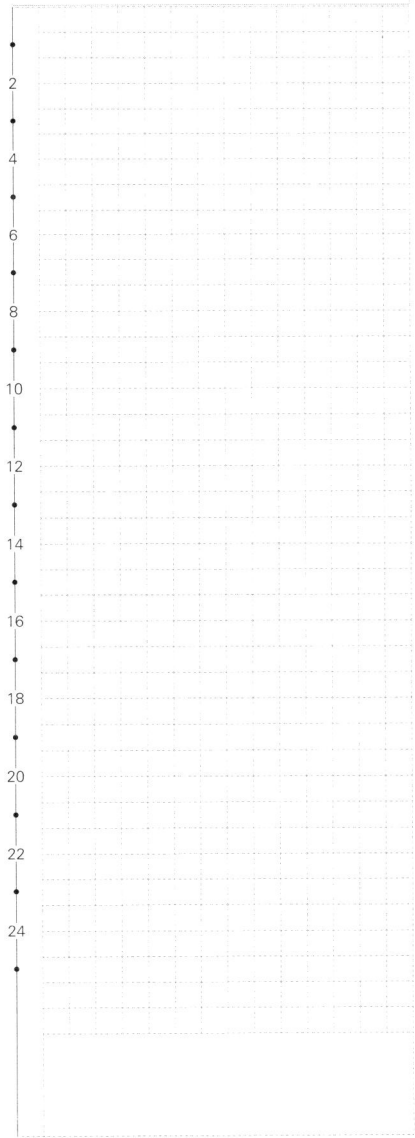

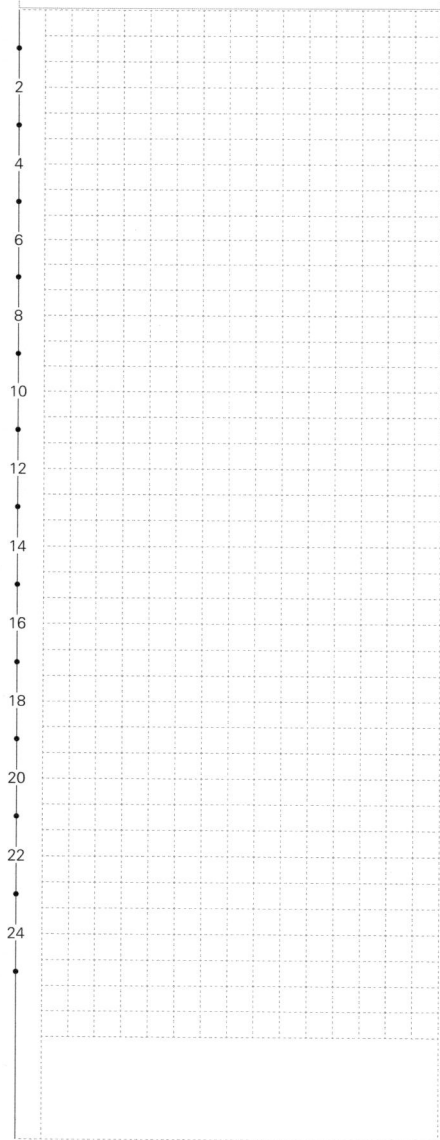

THU

2
4
6
8
10
12
14
16
18
20
22
24

FRI

2
4
6
8
10
12
14
16
18
20
22
24

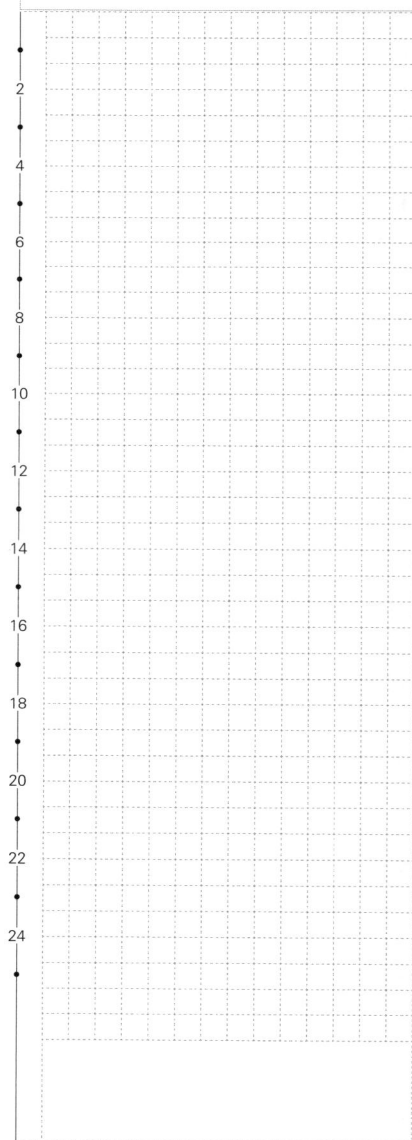

SAT

2
4
6
8
10
12
14
16
18
20
22
24

SUN

2
4
6
8
10
12
14
16
18
20
22
24

酒鬼一家的日常 vlog

日期：2016 年 3 月 30 日

关键词：文艺狗养成记

本周计划

MON

2
4
6
8
10
12
14
16
18
20
22
24

TUE

2
4
6
8
10
12
14
16
18
20
22
24

WED

2
4
6
8
10
12
14
16
18
20
22
24

THU

2
4
6
8
10
12
14
16
18
20
22
24

FRI

2
4
6
8
10
12
14
16
18
20
22
24

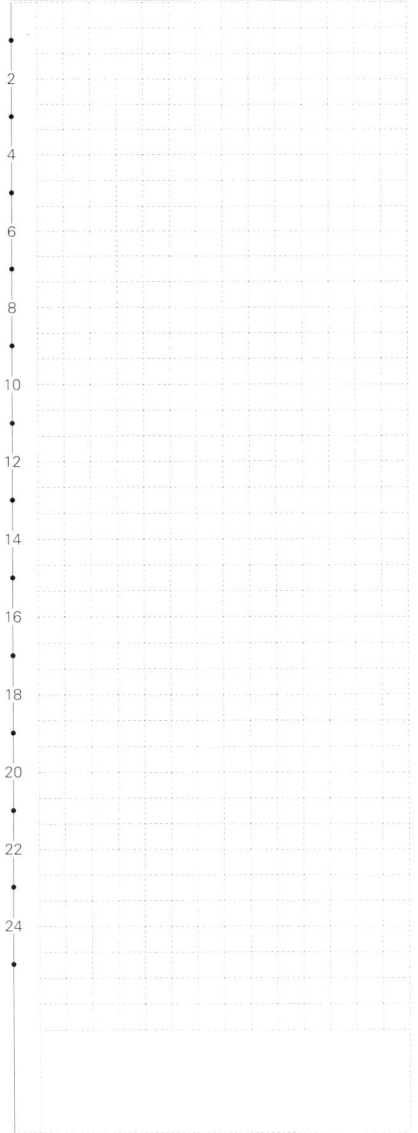

SAT

2
4
6
8
10
12
14
16
18
20
22
24

SUN

2
4
6
8
10
12
14
16
18
20
22
24

酒鬼一家的日常 vlog

日期：2016 年 3 月 31 日

关键词：一家四口我最丑

本周计划

MON

2
4
6
8
10
12
14
16
18
20
22
24

TUE

2
4
6
8
10
12
14
16
18
20
22
24

WED

2
4
6
8
10
12
14
16
18
20
22
24

THU

2
4
6
8
10
12
14
16
18
20
22
24

FRI

2
4
6
8
10
12
14
16
18
20
22
24

SAT

2
4
6
8
10
12
14
16
18
20
22
24

SUN

2
4
6
8
10
12
14
16
18
20
22
24

酒鬼一家的日常 vlog

日期：2016 年 4 月 12 日

关键词：我们家起名都很随意

本周计划

MON

2

4

6

8

10

12

14

16

18

20

22

24

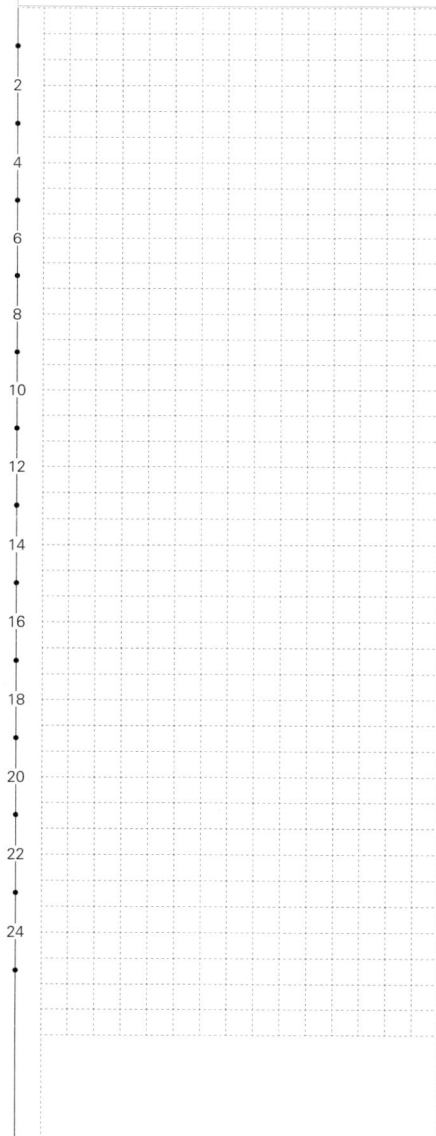

TUE

2
4
6
8
10
12
14
16
18
20
22
24

WED

2
4
6
8
10
12
14
16
18
20
22
24

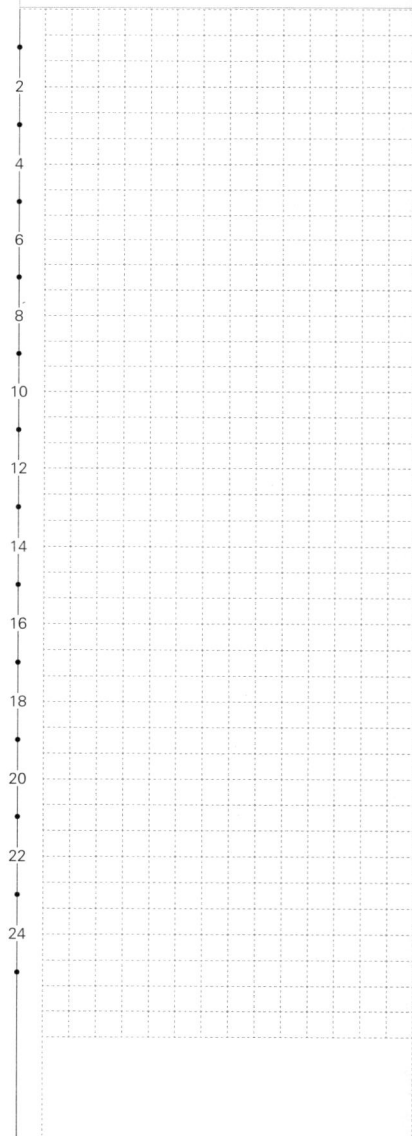

THU

2

4

6

8

10

12

14

16

18

20

22

24

FRI

2

4

6

8

10

12

14

16

18

20

22

24

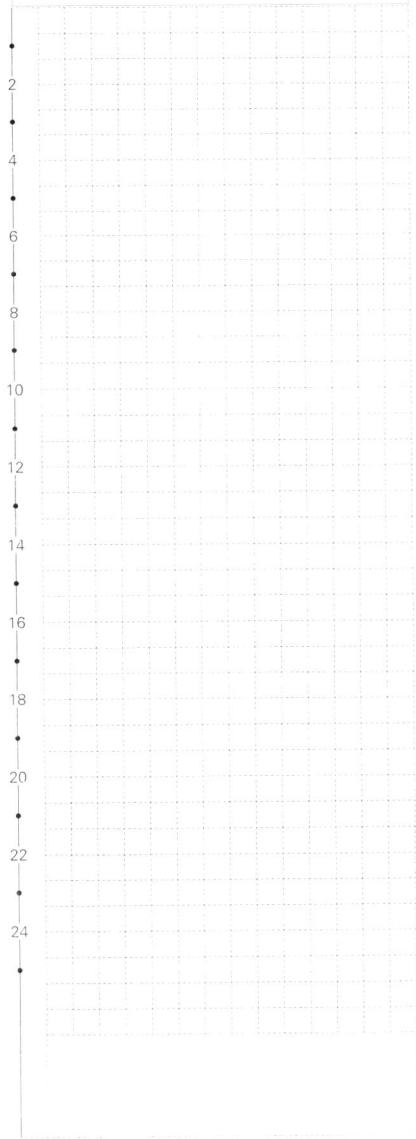

SAT

2
4
6
8
10
12
14
16
18
20
22
24

SUN

2
4
6
8
10
12
14
16
18
20
22
24

酒鬼一家的日常 vlog

日期：2016 年 6 月 10 日

关键词：撕家一岁了

本周计划

- [ ]
- [ ]
- [ ]
- [ ]
- [ ]
- [ ]
- [ ]

MON

2
4
6
8
10
12
14
16
18
20
22
24

TUE

2
4
6
8
10
12
14
16
18
20
22
24

WED

2
4
6
8
10
12
14
16
18
20
22
24

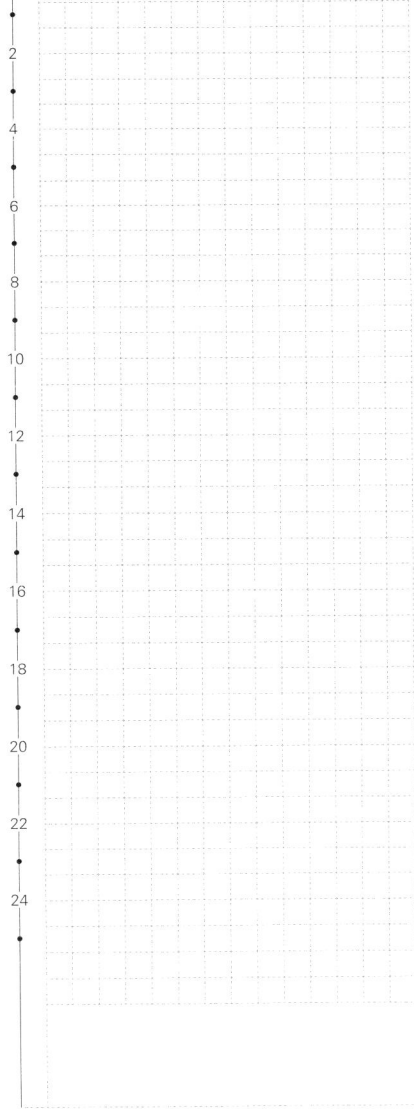

THU

2
4
6
8
10
12
14
16
18
20
22
24

FRI

2
4
6
8
10
12
14
16
18
20
22
24

SAT

2
4
6
8
10
12
14
16
18
20
22
24

SUN

2
4
6
8
10
12
14
16
18
20
22
24

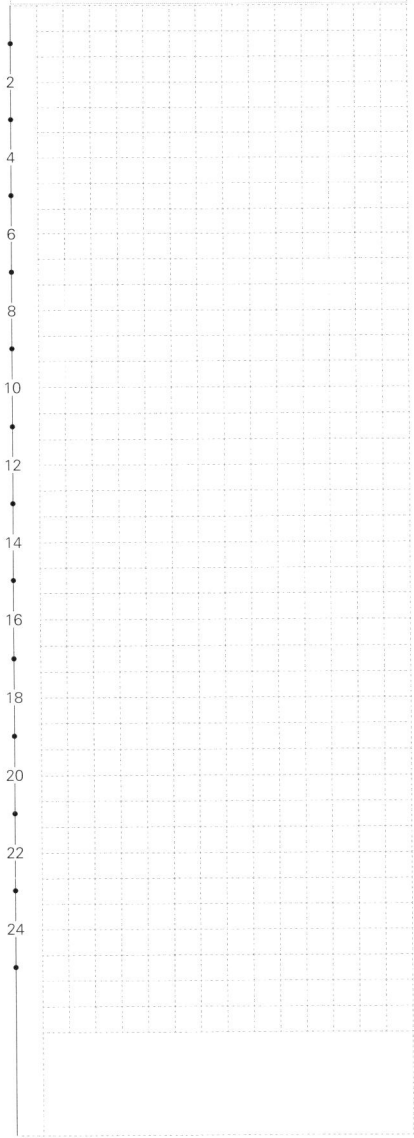

酒鬼一家的日常 vlog
日期：2016 年 6 月 13 日
关键词：三只狗听见狗叫的反应

本周计划

MON

2
4
6
8
10
12
14
16
18
20
22
24

TUE

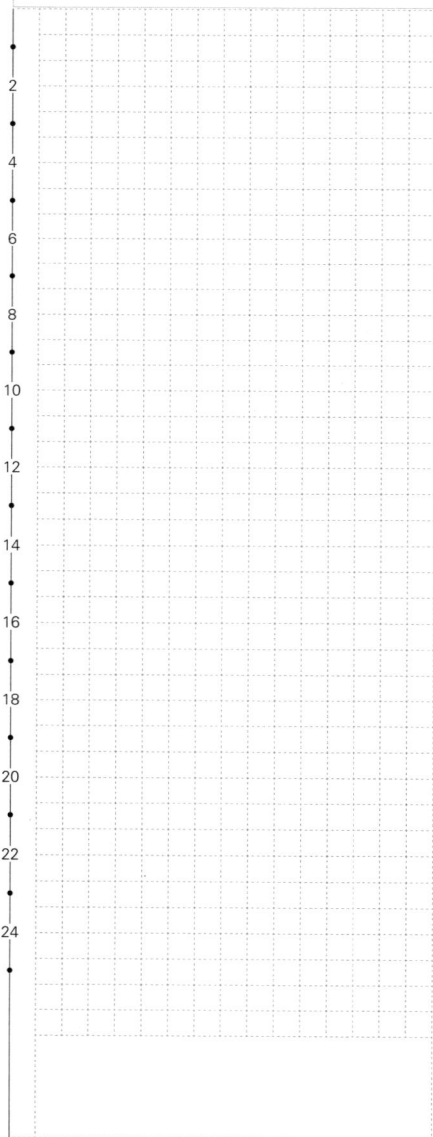

2
4
6
8
10
12
14
16
18
20
22
24

WED

2
4
6
8
10
12
14
16
18
20
22
24

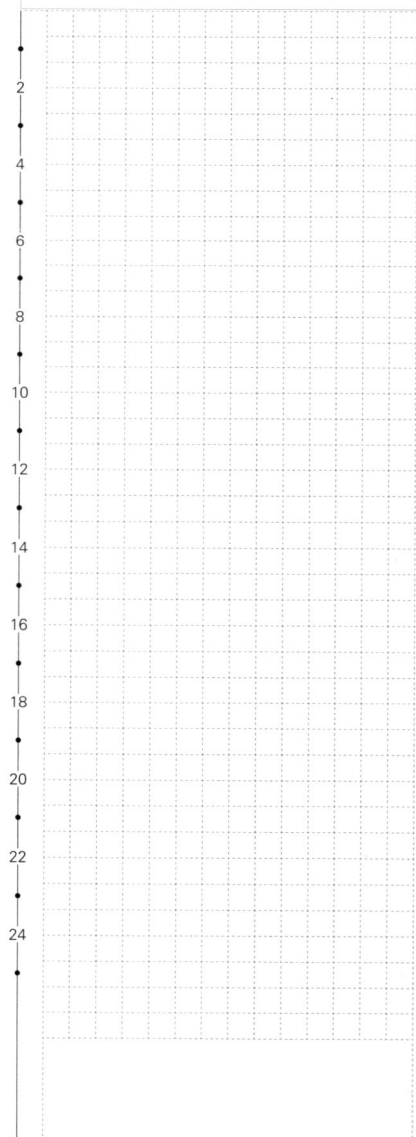

THU

2
4
6
8
10
12
14
16
18
20
22
24

FRI

2
4
6
8
10
12
14
16
18
20
22
24

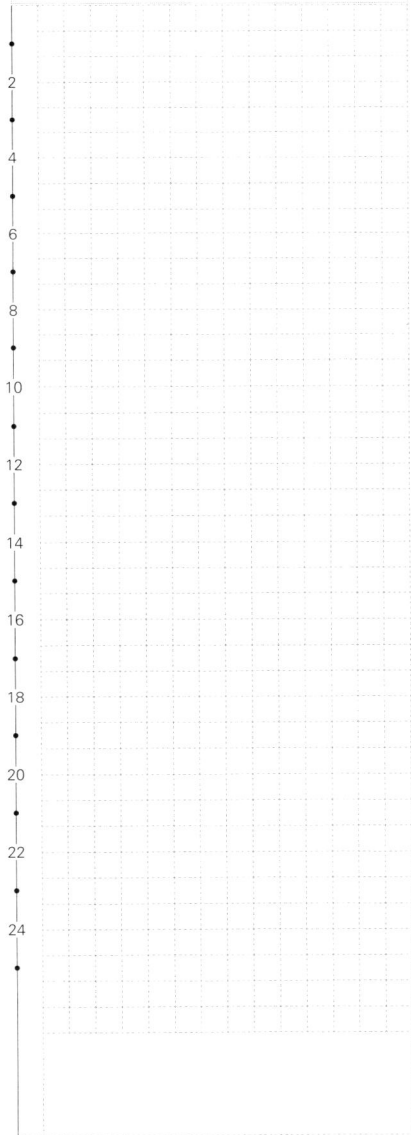

SAT

2
4
6
8
10
12
14
16
18
20
22
24

SUN

2
4
6
8
10
12
14
16
18
20
22
24

酒鬼一家的日常 vlog
日期：2016 年 6 月 16 日
关键词：国民老尴尬

本周计划

MON

2
4
6
8
10
12
14
16
18
20
22
24

TUE

2
4
6
8
10
12
14
16
18
20
22
24

WED

2
4
6
8
10
12
14
16
18
20
22
24

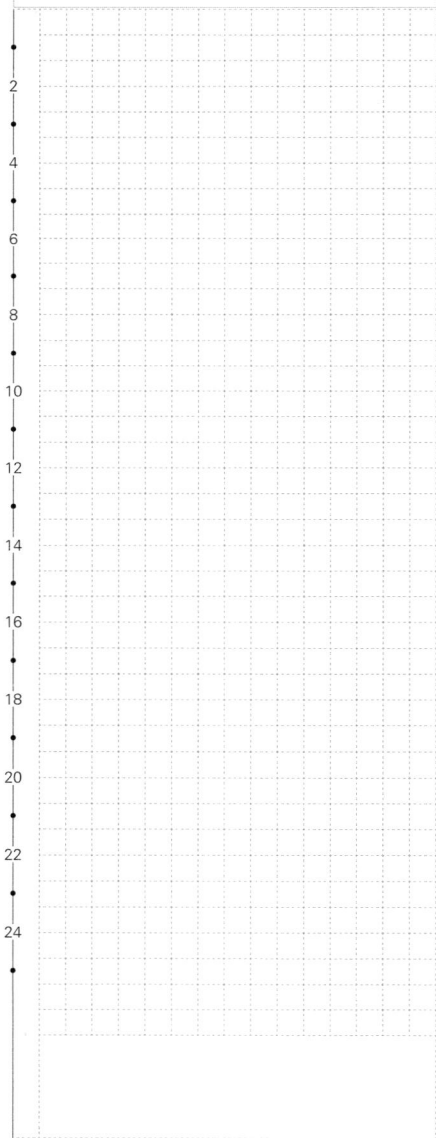

THU

2
4
6
8
10
12
14
16
18
20
22
24

FRI

2
4
6
8
10
12
14
16
18
20
22
24

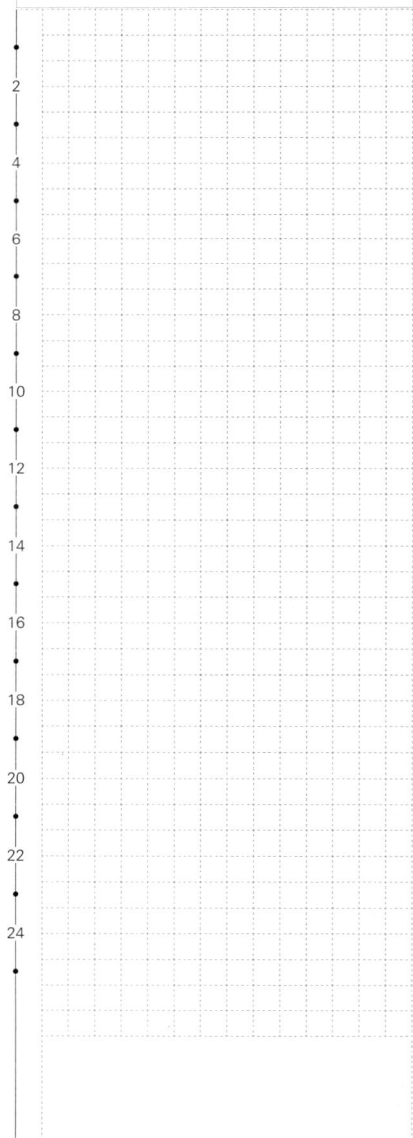

SAT

2
4
6
8
10
12
14
16
18
20
22
24

SUN

2
4
6
8
10
12
14
16
18
20
22
24

酒鬼一家的日常 vlog

日期：2016 年 6 月 19 日

关键词：撕家咬坏了墨爷最喜欢的玩具之后

本周计划

MON

2
4
6
8
10
12
14
16
18
20
22
24

TUE

2
4
6
8
10
12
14
16
18
20
22
24

WED

2
4
6
8
10
12
14
16
18
20
22
24

THU

2
4
6
8
10
12
14
16
18
20
22
24

FRI

2
4
6
8
10
12
14
16
18
20
22
24

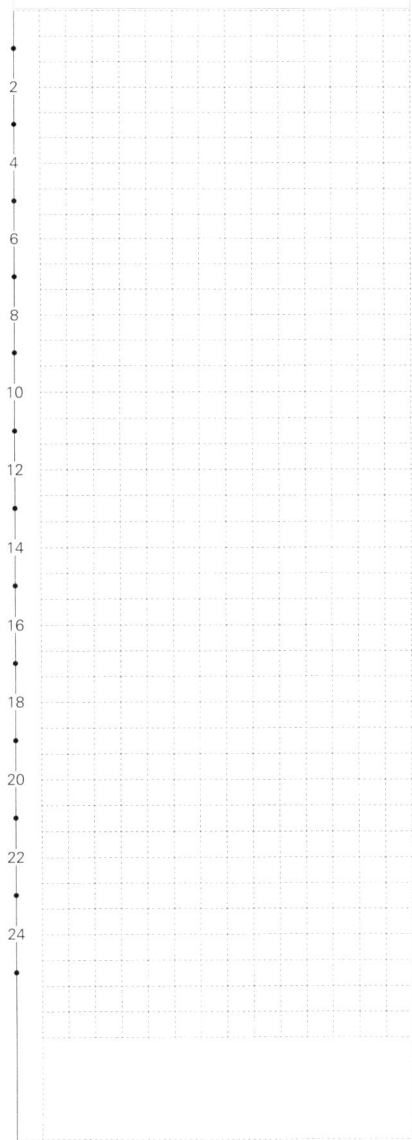

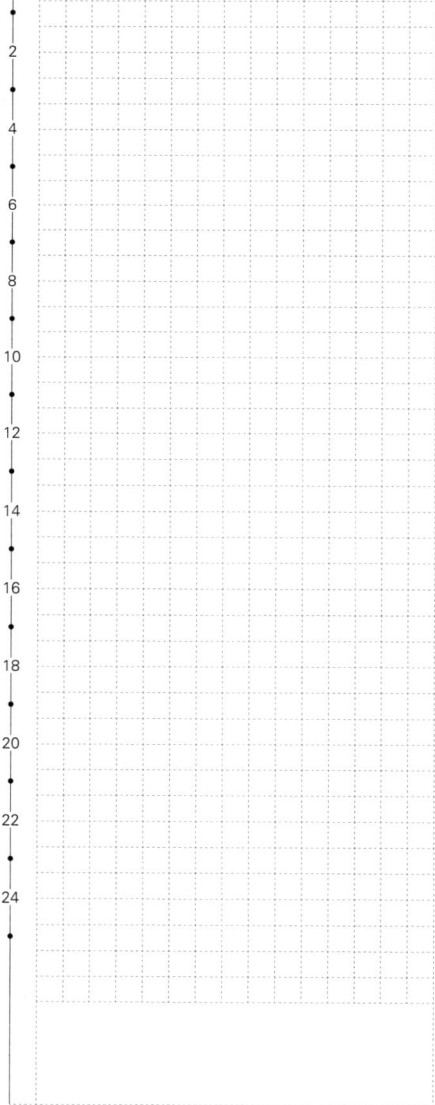

SAT

2
4
6
8
10
12
14
16
18
20
22
24

SUN

2
4
6
8
10
12
14
16
18
20
22
24

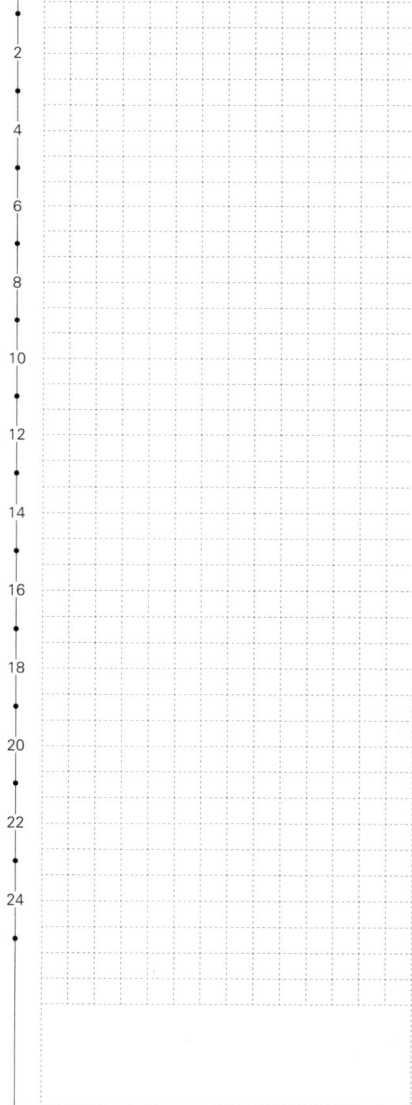

酒鬼一家的日常 vlog
日期：2016 年 6 月 27 日
关键词：我还是太年轻，太大意了

本周计划

MON

2

4

6

8

10

12

14

16

18

20

22

24

TUE

2
4
6
8
10
12
14
16
18
20
22
24

WED

2
4
6
8
10
12
14
16
18
20
22
24

THU

2
4
6
8
10
12
14
16
18
20
22
24

FRI

2
4
6
8
10
12
14
16
18
20
22
24

SAT

2
4
6
8
10
12
14
16
18
20
22
24

SUN

2
4
6
8
10
12
14
16
18
20
22
24

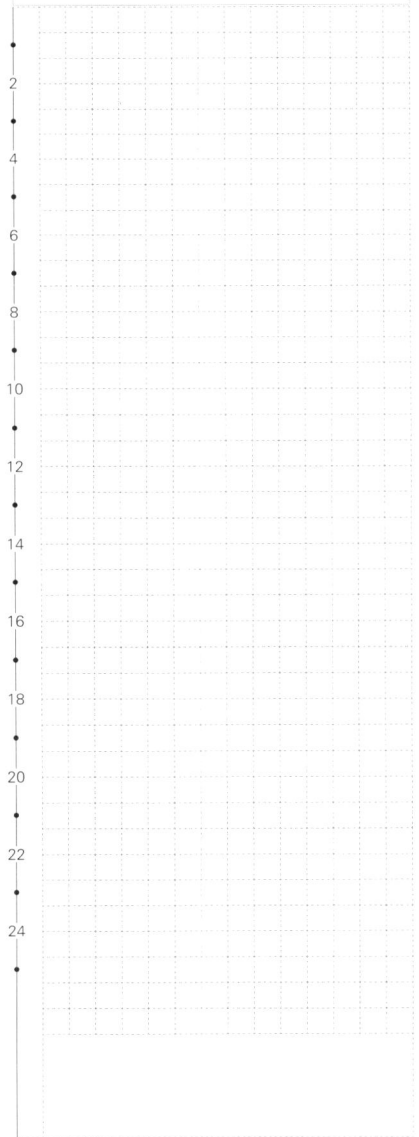

酒鬼一家的日常 vlog
日期：2016年7月4日
关键词：第二届酒鬼一家之主挑战赛

本周计划

MON

2

4

6

8

10

12

14

16

18

20

22

24

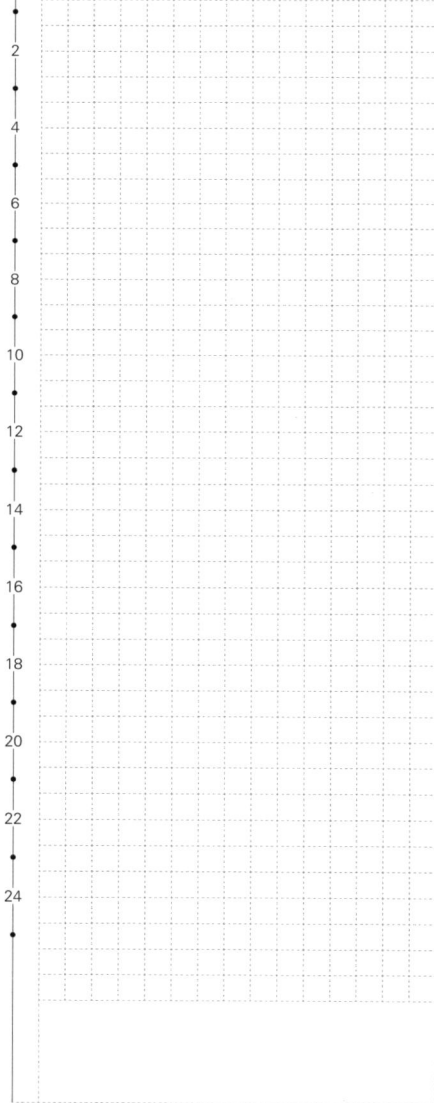

TUE

2
4
6
8
10
12
14
16
18
20
22
24

WED

2
4
6
8
10
12
14
16
18
20
22
24

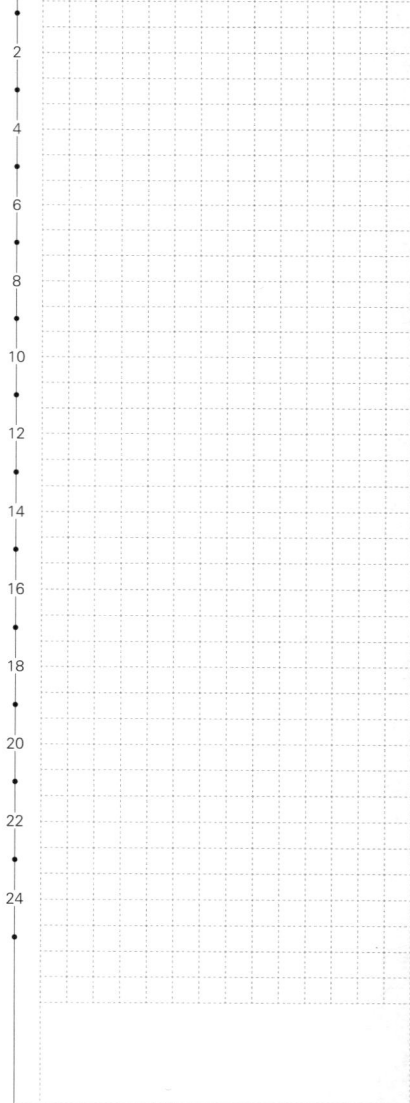

THU

2
4
6
8
10
12
14
16
18
20
22
24

FRI

2
4
6
8
10
12
14
16
18
20
22
24

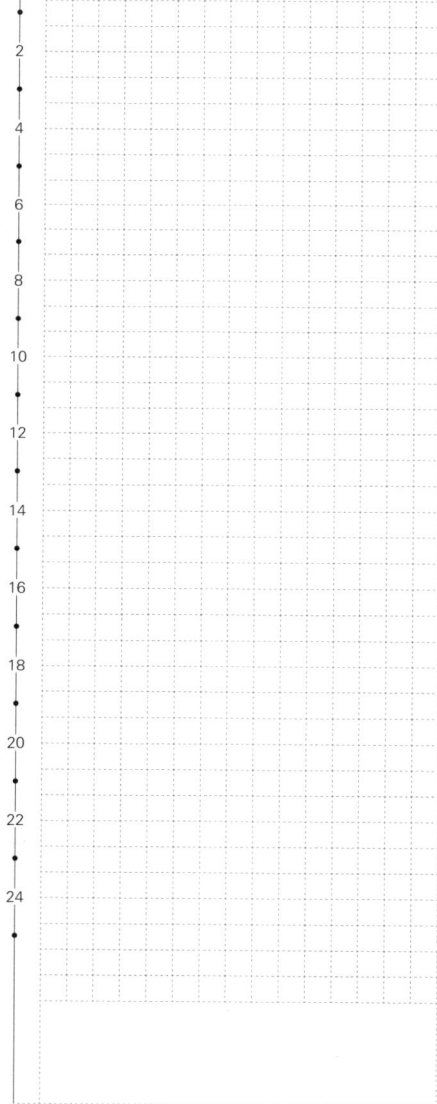

SAT

2
4
6
8
10
12
14
16
18
20
22
24

SUN

2
4
6
8
10
12
14
16
18
20
22
24

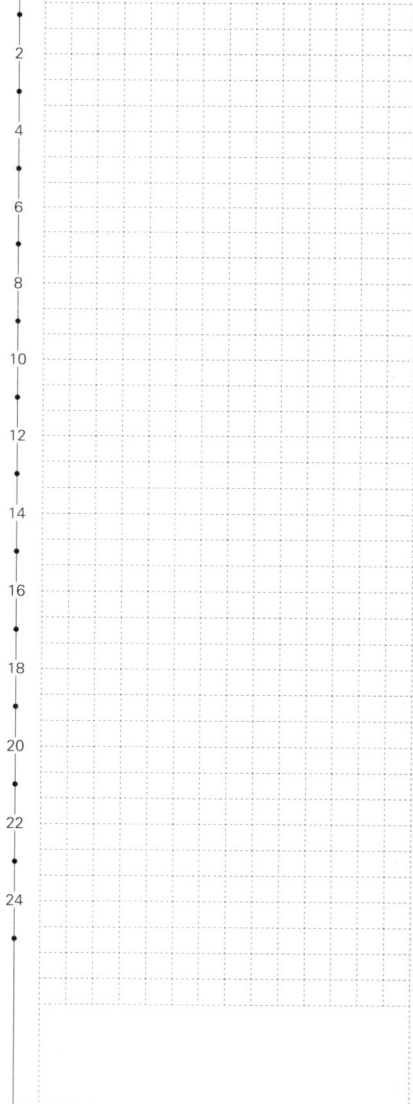

酒鬼一家的日常 vlog

日期：2016 年 7 月 9 日

关键词：三只接个稀罕

本周计划

MON

2
4
6
8
10
12
14
16
18
20
22
24

TUE

2
4
6
8
10
12
14
16
18
20
22
24

WED

2
4
6
8
10
12
14
16
18
20
22
24

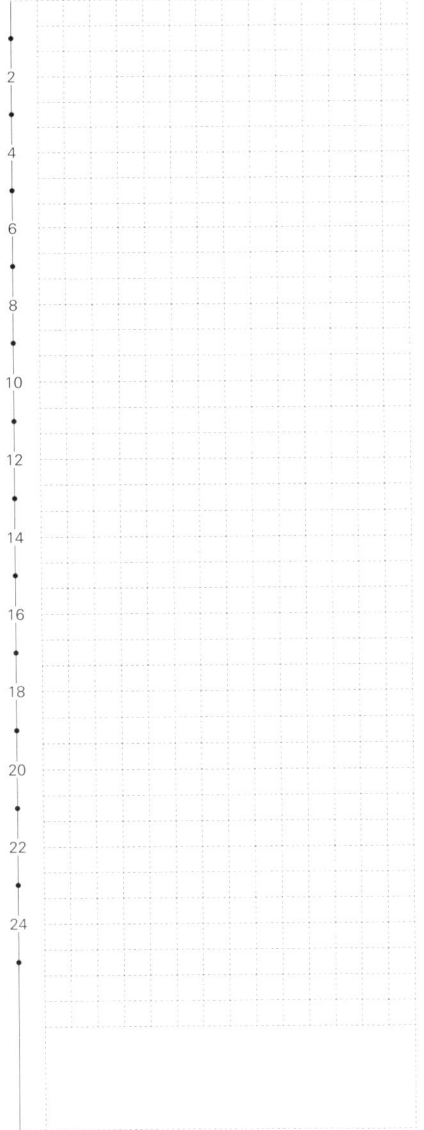

THU

2
4
6
8
10
12
14
16
18
20
22
24

FRI

2
4
6
8
10
12
14
16
18
20
22
24

SAT

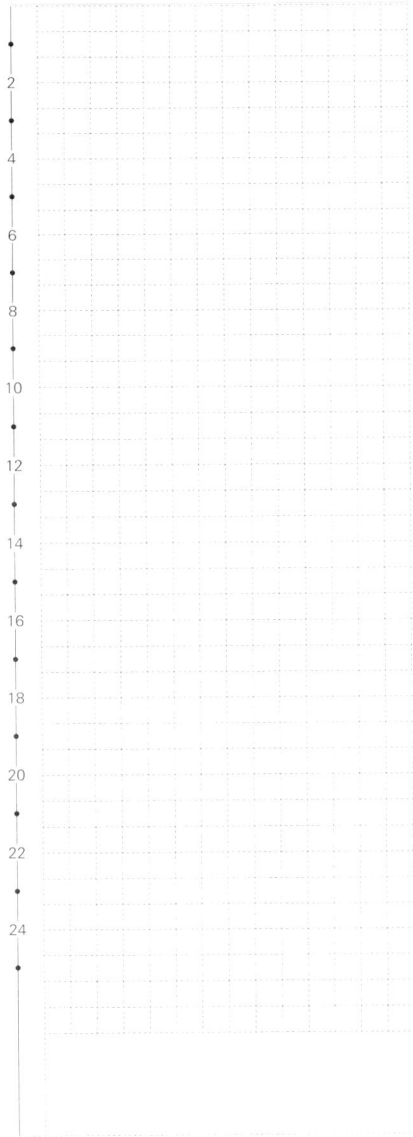

2
4
6
8
10
12
14
16
18
20
22
24

SUN

2
4
6
8
10
12
14
16
18
20
22
24

酒鬼一家的日常 vlog
日期：2016 年 7 月 14 日
关键词：别抢狗的玩具

本周计划

MON

2
4
6
8
10
12
14
16
18
20
22
24

TUE

2
4
6
8
10
12
14
16
18
20
22
24

WED

2
4
6
8
10
12
14
16
18
20
22
24

THU

2
4
6
8
10
12
14
16
18
20
22
24

FRI

2
4
6
8
10
12
14
16
18
20
22
24

SAT

2
4
6
8
10
12
14
16
18
20
22
24

SUN

2
4
6
8
10
12
14
16
18
20
22
24

酒鬼一家的日常 vlog
日期：2016 年 7 月 15 日
关键词：酒鬼反水

本周计划

MON

2
4
6
8
10
12
14
16
18
20
22
24

TUE

2
4
6
8
10
12
14
16
18
20
22
24

WED

2
4
6
8
10
12
14
16
18
20
22
24

THU

2
4
6
8
10
12
14
16
18
20
22
24

FRI

2
4
6
8
10
12
14
16
18
20
22
24

SAT

2
4
6
8
10
12
14
16
18
20
22
24

SUN

2
4
6
8
10
12
14
16
18
20
22
24

酒鬼一家的日常 vlog

日期：2016 年 7 月 17 日

关键词：大家好，我是撕家

本周计划

MON

2

4

6

8

10

12

14

16

18

20

22

24

TUE

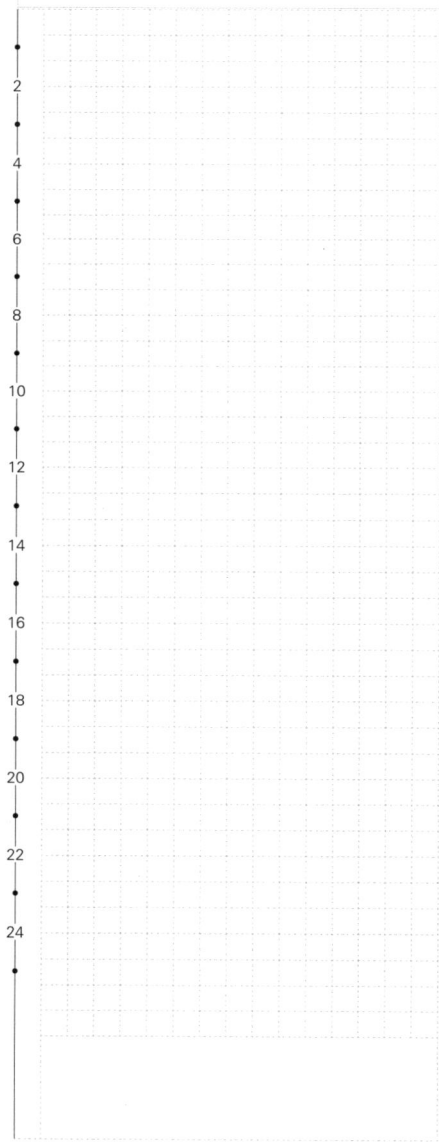

2
4
6
8
10
12
14
16
18
20
22
24

WED

2
4
6
8
10
12
14
16
18
20
22
24

THU

2
4
6
8
10
12
14
16
18
20
22
24

FRI

2
4
6
8
10
12
14
16
18
20
22
24

SAT

2
4
6
8
10
12
14
16
18
20
22
24

SUN

2
4
6
8
10
12
14
16
18
20
22
24

酒鬼一家的日常 vlog
日期：2016 年 7 月 24 日
关键词：酒鬼啊酒鬼啊

本周计划

MON

2
4
6
8
10
12
14
16
18
20
22
24

TUE

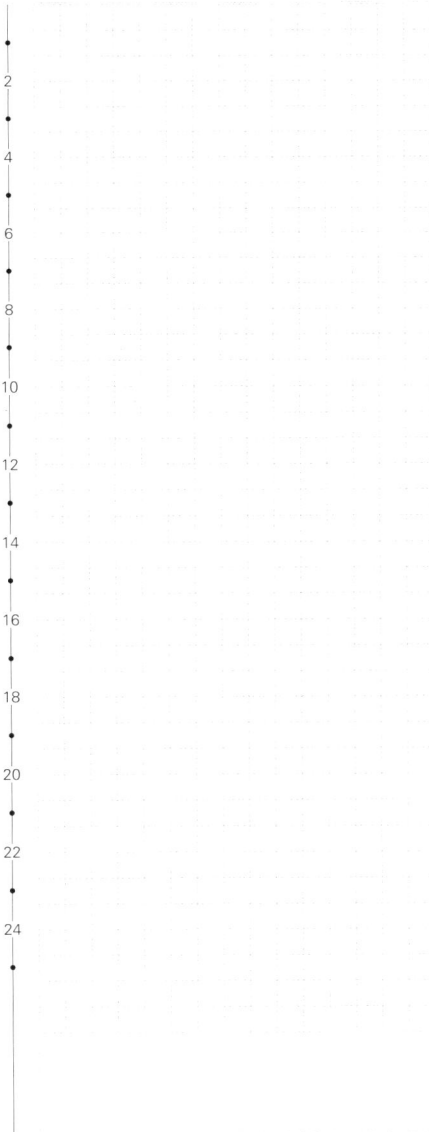

2
4
6
8
10
12
14
16
18
20
22
24

WED

2
4
6
8
10
12
14
16
18
20
22
24

THU

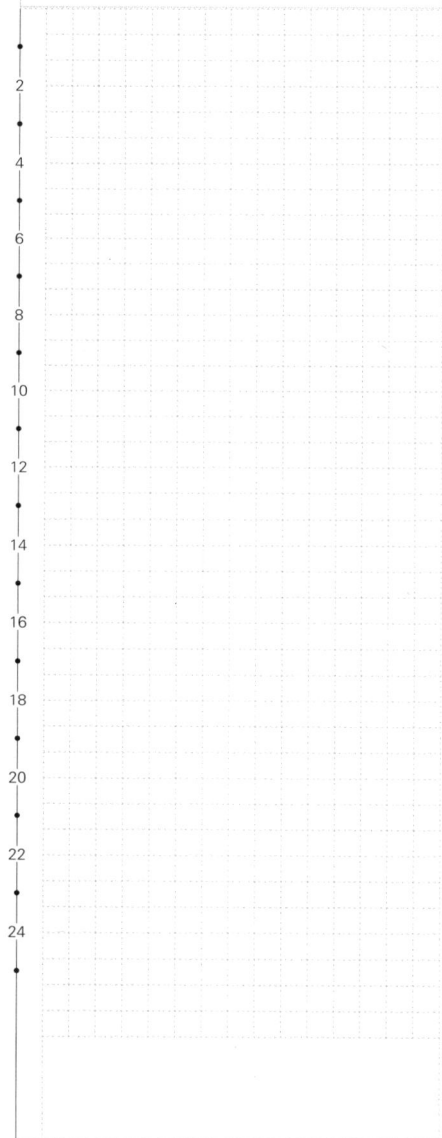

2
4
6
8
10
12
14
16
18
20
22
24

FRI

2
4
6
8
10
12
14
16
18
20
22
24

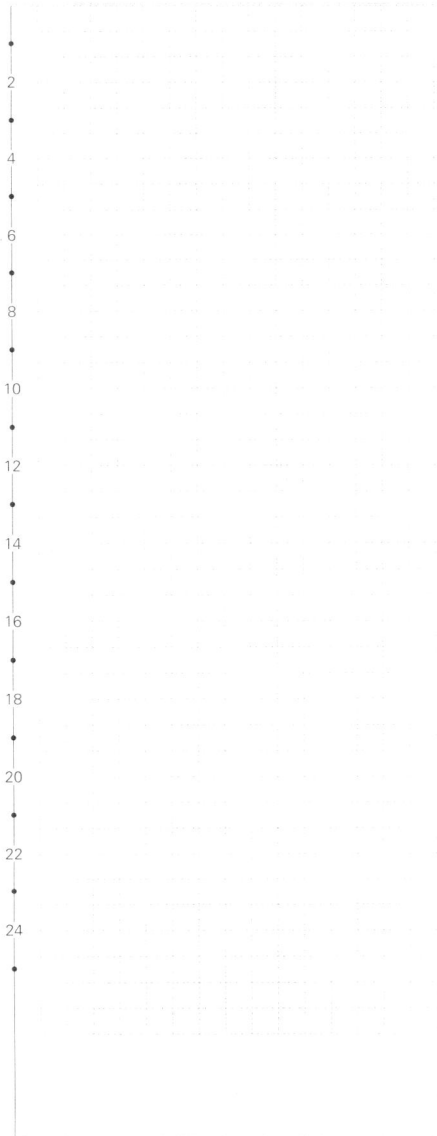

SAT	SUN
2	2
4	4
6	6
8	8
10	10
12	12
14	14
16	16
18	18
20	20
22	22
24	24

酒鬼一家的日常 vlog
日期：2016 年 7 月 26 日
关键词：大腚的第一声

本周计划

MON

2

4

6

8

10

12

14

16

18

20

22

24

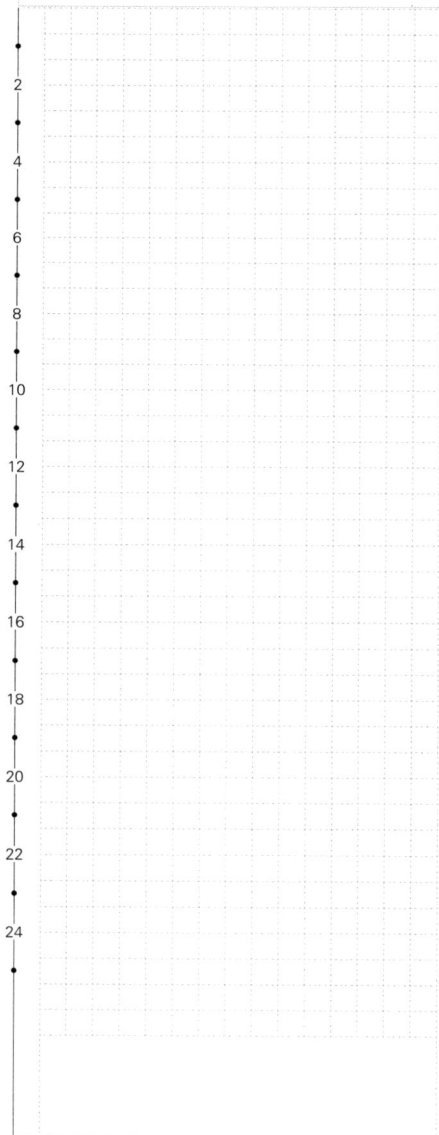

TUE

2
4
6
8
10
12
14
16
18
20
22
24

WED

2
4
6
8
10
12
14
16
18
20
22
24

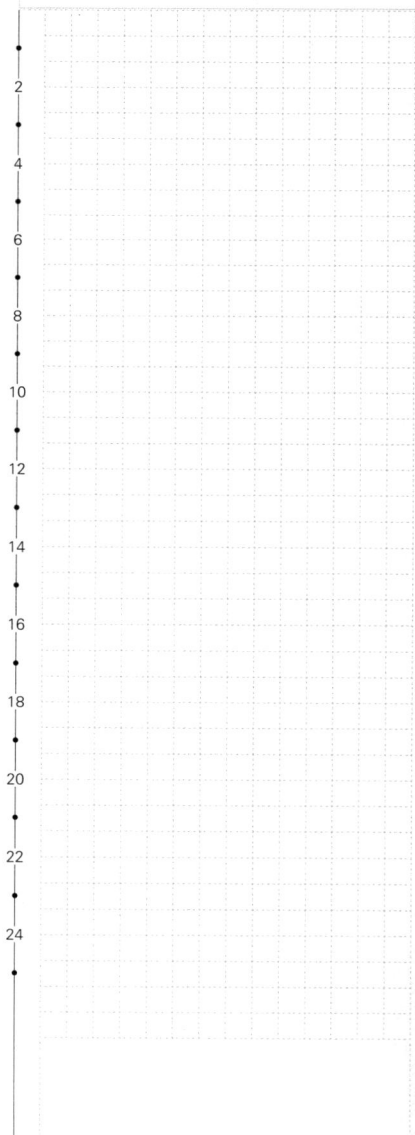

THU

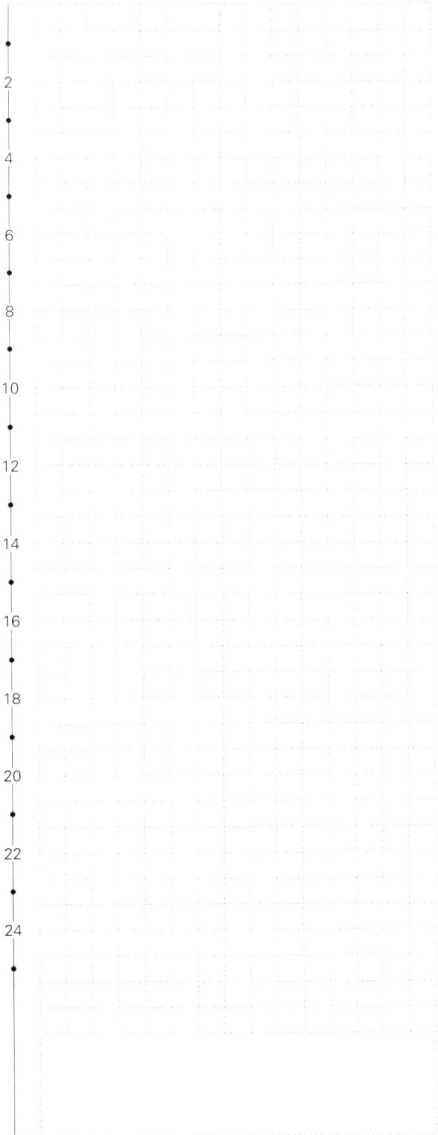

2
4
6
8
10
12
14
16
18
20
22
24

FRI

2
4
6
8
10
12
14
16
18
20
22
24

SAT

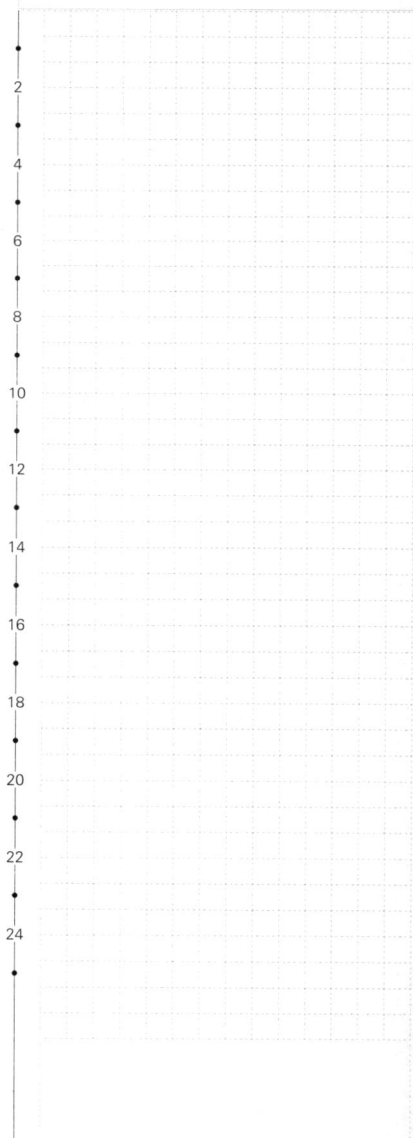

2
4
6
8
10
12
14
16
18
20
22
24

SUN

2
4
6
8
10
12
14
16
18
20
22
24

酒鬼一家的日常 vlog

日期：2016 年 7 月 29 日

关键词：阿拉斯加大脏的滑稽姐妮

本周计划

MON

2
4
6
8
10
12
14
16
18
20
22
24

TUE

2

4

6

8

10

12

14

16

18

20

22

24

WED

2

4

6

8

10

12

14

16

18

20

22

24

THU

2
4
6
8
10
12
14
16
18
20
22
24

FRI

2
4
6
8
10
12
14
16
18
20
22
24

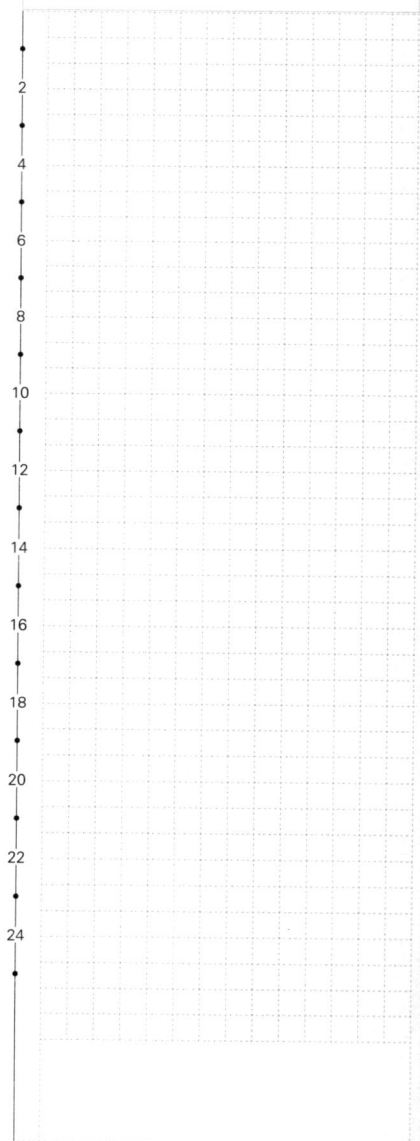

SAT

2
4
6
8
10
12
14
16
18
20
22
24

SUN

2
4
6
8
10
12
14
16
18
20
22
24

酒鬼一家的日常 vlog
日期：2016 年 8 月 2 日
关键词：宫斗剧

本周计划

MON

2
4
6
8
10
12
14
16
18
20
22
24

TUE

2
4
6
8
10
12
14
16
18
20
22
24

WED

2
4
6
8
10
12
14
16
18
20
22
24

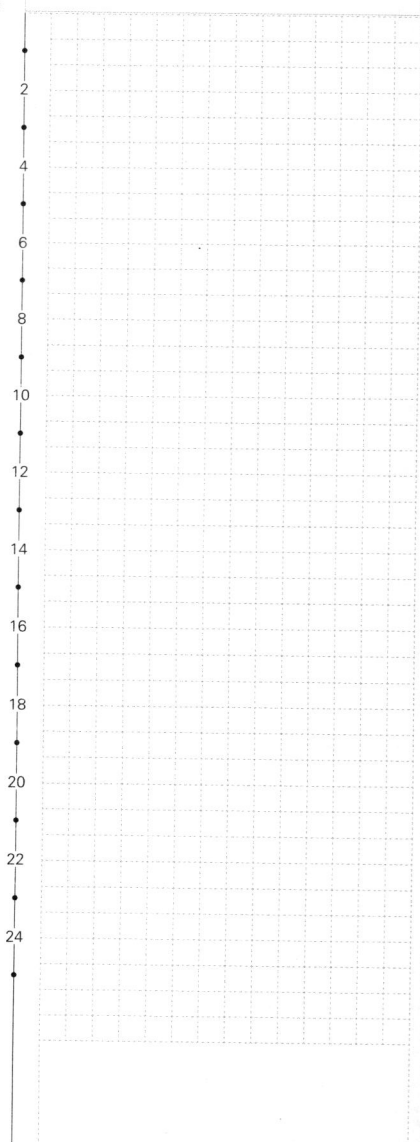

THU

2
4
6
8
10
12
14
16
18
20
22
24

FRI

2
4
6
8
10
12
14
16
18
20
22
24

SAT

2
4
6
8
10
12
14
16
18
20
22
24

SUN

2
4
6
8
10
12
14
16
18
20
22
24

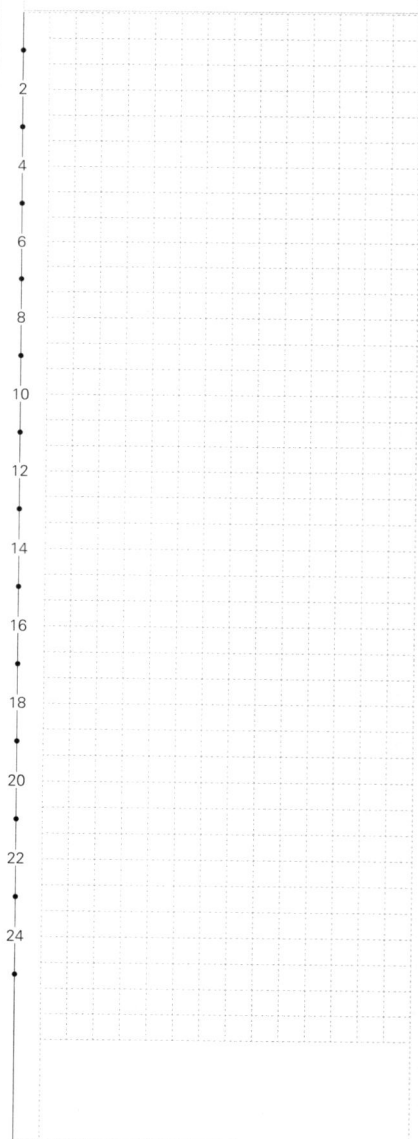

酒鬼一家的日常 vlog
日期：2016 年 8 月 23 日
关键词：听说这样剪视频会被打

本周计划

MON

2
4
6
8
10
12
14
16
18
20
22
24

TUE

2
4
6
8
10
12
14
16
18
20
22
24

WED

2
4
6
8
10
12
14
16
18
20
22
24

THU

2
4
6
8
10
12
14
16
18
20
22
24

FRI

2
4
6
8
10
12
14
16
18
20
22
24

SAT

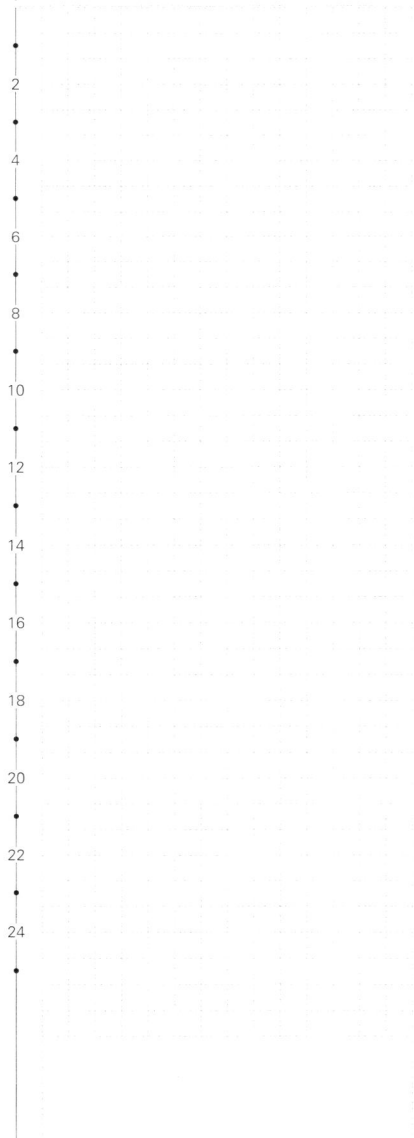

2
4
6
8
10
12
14
16
18
20
22
24

SUN

2
4
6
8
10
12
14
16
18
20
22
24

酒鬼一家的日常 vlog
日期：2016 年 9 月 4 日
关键词：铲屎官已死

本周计划

MON

2
4
6
8
10
12
14
16
18
20
22
24

TUE

2
4
6
8
10
12
14
16
18
20
22
24

WED

2
4
6
8
10
12
14
16
18
20
22
24

THU

2
4
6
8
10
12
14
16
18
20
22
24

FRI

2
4
6
8
10
12
14
16
18
20
22
24

SAT	SUN
2	2
4	4
6	6
8	8
10	10
12	12
14	14
16	16
18	18
20	20
22	22
24	24

酒鬼一家的日常 vlog
日期：2016 年 9 月 10 日
关键词：祝所有老师节日快乐

本周计划

MON

2
4
6
8
10
12
14
16
18
20
22
24

TUE

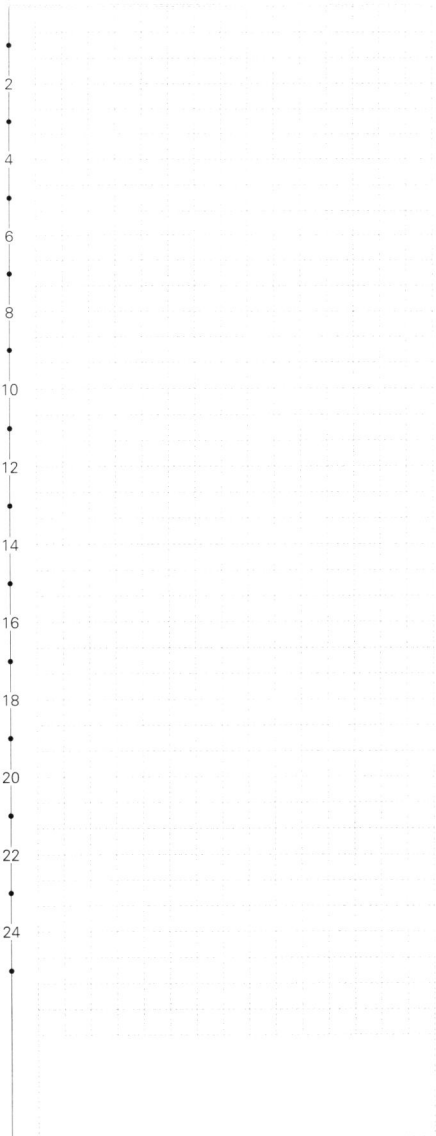

2
4
6
8
10
12
14
16
18
20
22
24

WED

2
4
6
8
10
12
14
16
18
20
22
24

THU

2

4

6

8

10

12

14

16

18

20

22

24

FRI

2

4

6

8

10

12

14

16

18

20

22

24

SAT

2
4
6
8
10
12
14
16
18
20
22
24

SUN

2
4
6
8
10
12
14
16
18
20
22
24

酒鬼一家的日常 vlog

日期：2016 年 9 月 20 日

关键词：《自寻死路的狗》最后一集

本周计划

MON

2
4
6
8
10
12
14
16
18
20
22
24

TUE

2
4
6
8
10
12
14
16
18
20
22
24

WED

2
4
6
8
10
12
14
16
18
20
22
24

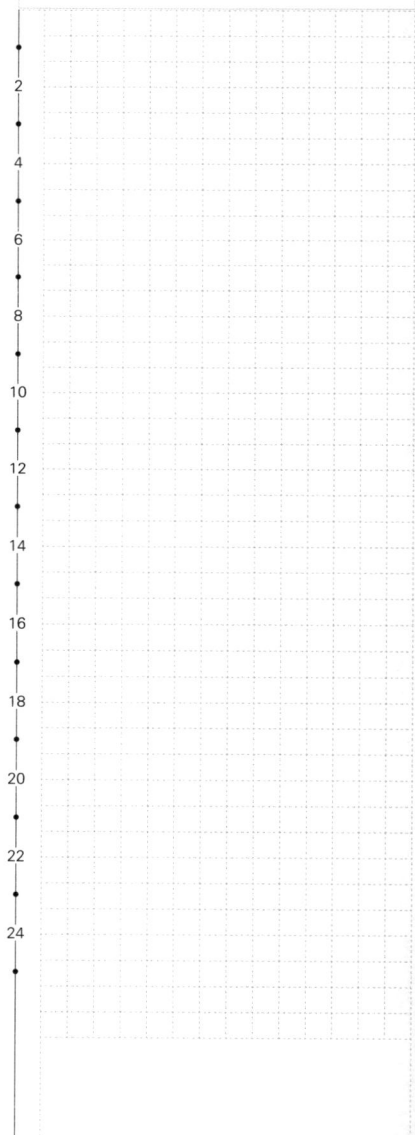

THU

2
4
6
8
10
12
14
16
18
20
22
24

FRI

2
4
6
8
10
12
14
16
18
20
22
24

SAT

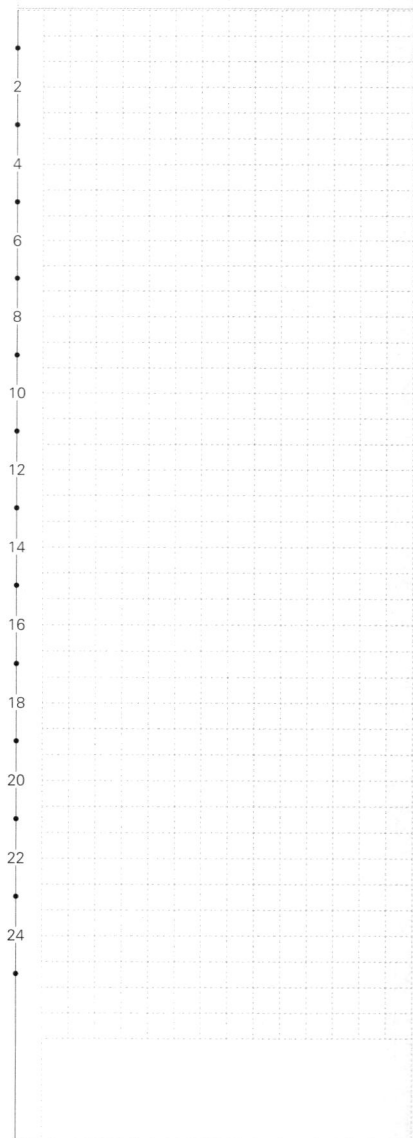

2
4
6
8
10
12
14
16
18
20
22
24

SUN

2
4
6
8
10
12
14
16
18
20
22
24

酒鬼一家的日常 vlog

日期：2016 年 10 月 22 日

关键词：又到了每年两次的酒鬼歌唱大赛时间

本周计划

MON

2
4
6
8
10
12
14
16
18
20
22
24

TUE

2
4
6
8
10
12
14
16
18
20
22
24

WED

2
4
6
8
10
12
14
16
18
20
22
24

THU

2
4
6
8
10
12
14
16
18
20
22
24

FRI

2
4
6
8
10
12
14
16
18
20
22
24

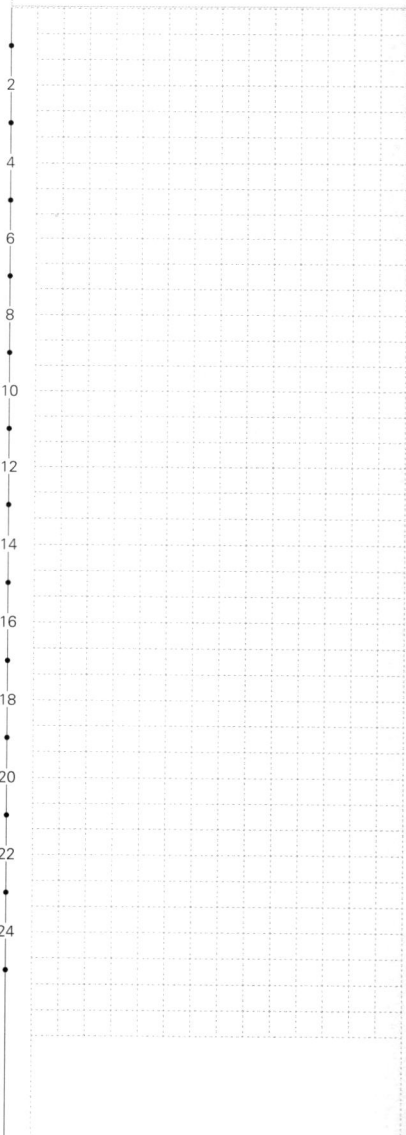

SAT

2
4
6
8
10
12
14
16
18
20
22
24

SUN

2
4
6
8
10
12
14
16
18
20
22
24

酒鬼一家的日常 vlog
日期：2016 年 12 月 18 日
关键词：大腚再次刷新了我的三观

本周计划

MON

2

4

6

8

10

12

14

16

18

20

22

24

TUE

2
4
6
8
10
12
14
16
18
20
22
24

WED

2
4
6
8
10
12
14
16
18
20
22
24

THU

2
4
6
8
10
12
14
16
18
20
22
24

FRI

2
4
6
8
10
12
14
16
18
20
22
24

SAT

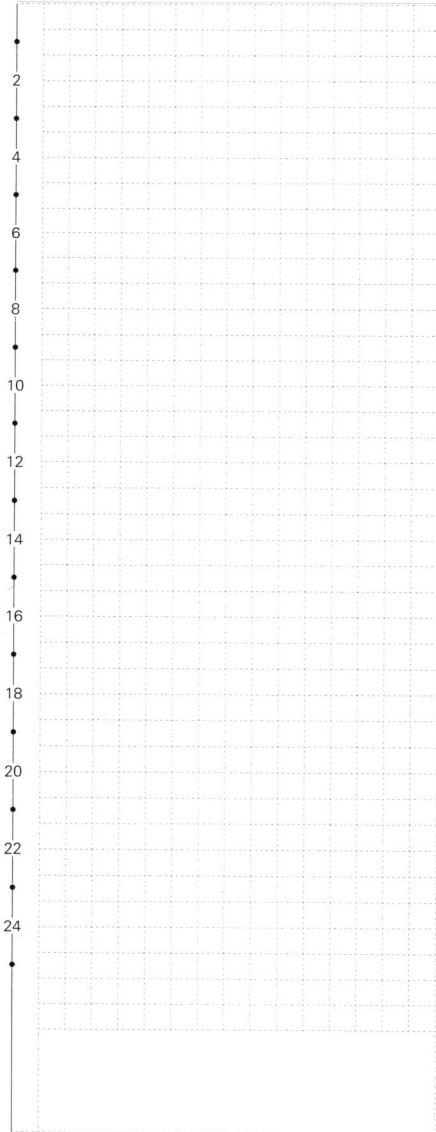

2
4
6
8
10
12
14
16
18
20
22
24

SUN

2
4
6
8
10
12
14
16
18
20
22
24

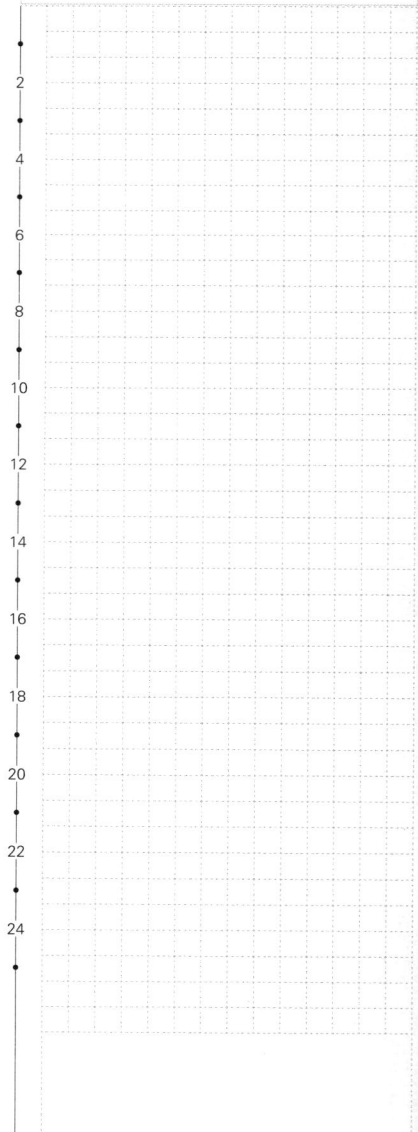

酒鬼一家的日常 vlog

日期：2017 年 1 月 15 日

关键词：用生命拍的 4 分钟

本周计划

MON

2
4
6
8
10
12
14
16
18
20
22
24

TUE

2
4
6
8
10
12
14
16
18
20
22
24

WED

2
4
6
8
10
12
14
16
18
20
22
24

THU	FRI
2	2
4	4
6	6
8	8
10	10
12	12
14	14
16	16
18	18
20	20
22	22
24	24

SAT

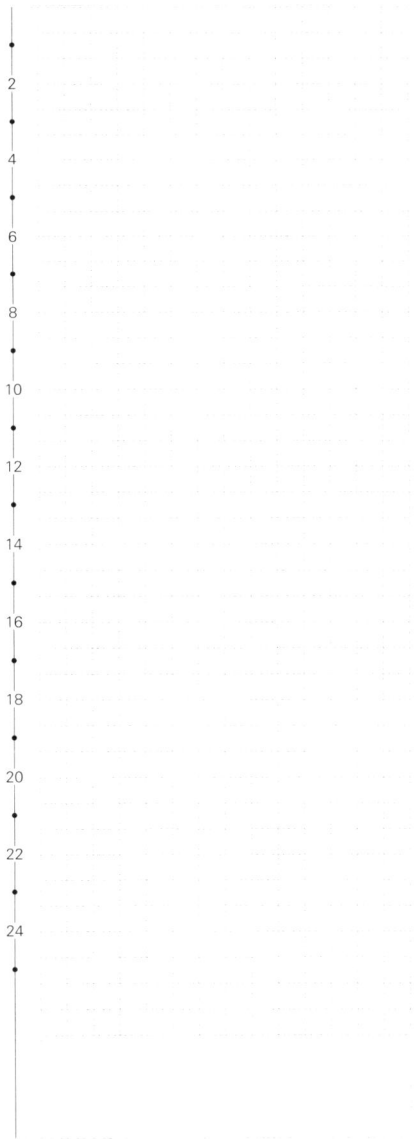

2
4
6
8
10
12
14
16
18
20
22
24

SUN

2
4
6
8
10
12
14
16
18
20
22
24

酒鬼一家的日常 vlog
日期：2017 年 1 月 20 日
关键词：提前祝大家过年好

本周计划

MON

2
4
6
8
10
12
14
16
18
20
22
24

TUE

2
4
6
8
10
12
14
16
18
20
22
24

WED

2
4
6
8
10
12
14
16
18
20
22
24

THU

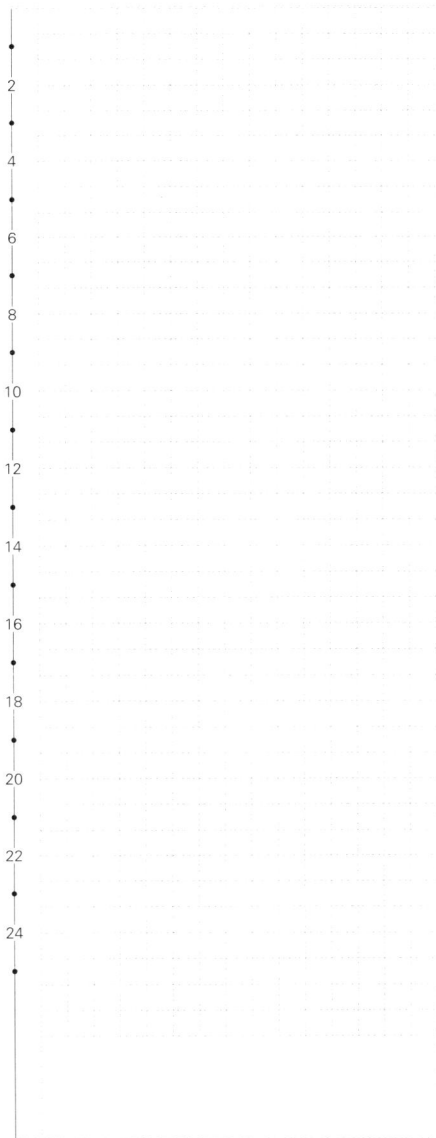

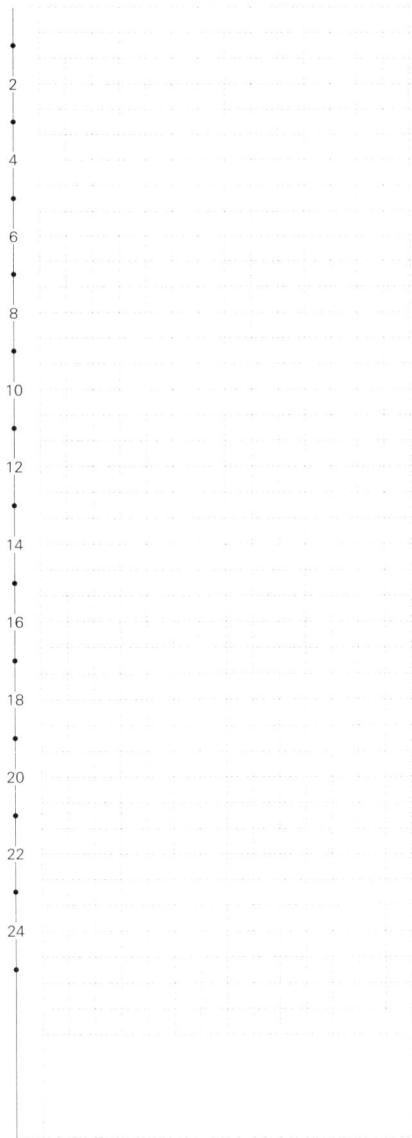

2
4
6
8
10
12
14
16
18
20
22
24

FRI

2
4
6
8
10
12
14
16
18
20
22
24

SAT

2
4
6
8
10
12
14
16
18
20
22
24

SUN

2
4
6
8
10
12
14
16
18
20
22
24

酒鬼一家的日常 vlog

日期：2017 年 2 月 26 日

关键词：打打闹闹然后睡个好觉，晚安

日期：2017 年 3 月 5 日　　关键词：自从得了神经病

日期：2017 年 3 月 30 日　　关键词：酒鬼没毛病

日期：2017年4月16日　关键词：三只家伙的噩梦

日期：2017年4月30日　关键词：趁着年轻抓紧保养

日期：2017 年 5 月 17 日　　关键词：装扮诡异出现在狗面前会发生什么

日期：2017 年 5 月 22 日　　关键词：哈哈哈哈嗝哈哈哈哈

日期：2017年5月26日　　关键词：要是去街边套圈，我能拿第一

日期：2017年7月12日　　关键词：一只猫混在狗群里竟然做了这样的事

日期：2017 年 7 月 21 日　　关键词：一条狗竟然学会稍息

日期：2017 年 7 月 22 日　　关键词：被实名举报的狗

日期：2017 年 8 月 3 日　　关键词：脾气暴躁的小型犬

日期：2017 年 8 月 8 日　　关键词：重要家庭会议

日期：2017年9月27日	关键词：谁也无法阻挡一只有梦想的猫
日期：2017年10月17日	关键词：社会猫兄弟的对话
日期：2017年10月17日	关键词：原来猫界都是这么打架的
日期：2017年10月21日	关键词：你见过洗澡这么淡定的猫吗？

日期：2017年11月18日	关键词：你见过狗这样做梦吗?
日期：2017年11月20日	关键词：送人吧，不想要了
日期：2017年12月30日	关键词：回家看到出草狗

日期：2018 年 1 月 1 日　　关键词：智商排行

日期：2018 年 1 月 16 日　　关键词：今天凌晨我假装睡着

日期：2018 年 2 月 21 日　　关键词：我可能中毒了

日期：2018 年 3 月 24 日　　关键词：如何正确摸到人家的狗

日期：2018 年 4 月 5 日　　关键词：酒鬼一家的旅行——出远门儿

日期：2018 年 4 月 22 日　　关键词：就是这么骄傲

日期：2018 年 4 月 25 日　　关键词：养狗的心酸谁能懂

日期：2018 年 5 月 12 日　　关键词：吃瓜小院

日期：2018 年 5 月 15 日　　关键词：如何与宠物配合运动

日期：2018 年 5 月 16 日　　关键词：撕家本撕

日期：2018 年 5 月 18 日　　关键词：第 N 次不正规家庭会议

日期：2018 年 5 月 19 日　　关键词：减肥的几个阶段

日期：2018 年 5 月 21 日　　关键词：撕家的日常

日期：2018 年 5 月 24 日　　关键词：小腚会开门了

日期：2018年6月7日　　关键词：金刚芭比离家

日期：2018年6月12日　　关键词：我再也不给小腚洗澡了

炭头有话说：

时间过得挺快的，要写结语的时候才发现这已经是第三本手账了，也是最后一本了。

酒鬼一家和大家相识已经有四年了，这四年里大家一定和我一样成长了许多，无论是好的经验还是不好的教训，现在回忆起来也都能坦然接受了。他们几个也长大了许多：墨爷变得越来越善解人意；酒鬼病好了，原本性格中的聪明伶俐开始显现出来；就连撕家的眼睛里也有故事了。大腚、小腚也完全融入了我们家，虽然性格各异，但是相处融洽。

过去我一直懊恼时间过得太快，不知如何与时间抗衡。后来我选择用分享的方式留住时间，不再探究意义。因为意义本身没有意义，只有我和它们一起度过的时光才是永恒。

这四年，或者说我人生的这三十多年里，我都一直在想，我要过我自己想要的生活。说起来很简单，谁不想过自己想要的生活呢？但是坚持起来却又是另一件事了。好在回想这四年我真的在做同一件事情：分享我的生活，致力于推动人与宠物的和谐发展。这或许还不够成熟，但我没有改变，我也不会改变。

在第一本手账的结语里面我写道："来与我做个约定，待到我们年老时，再谈起这段回忆，无论你们在什么地方，有着什么样的心情，都还能露出会心的笑容。"这个约定依然有效，我们也在源源不断地创造新的回忆，期待会在未来相见。

约好了。

时光成就了现在的你我，回忆承载着我们共同的故事，愿我们成为彼此心中坚守的最后一寸净土。

日期：2018 年 6 月 26 日　　关键词：管孩子还得是墨爷

日期：2018 年 7 月 19 日　　关键词：这个生日礼物我尽力了

日期：2018年8月17日　　关键词：七夕[illegible]

日期：2015年9月12日　　关键词：[illegible]

日期：2018 年 9 月 14 日　　关键词：出发喽，2018 年的旅行

日期：2018 年 9 月 18 日　　关键词：幻想和实际的差距

日期：2018 年 9 月 21 日　　关键词：第一次带狗下海

日期：2018 年 10 月 7 日　　关键词：《出远门儿》20181007 期

日期：2018年11月12日　　关键词：[illegible]虐猫

日期：2018年11月18日　　关键词：这个[illegible]是有[illegible]

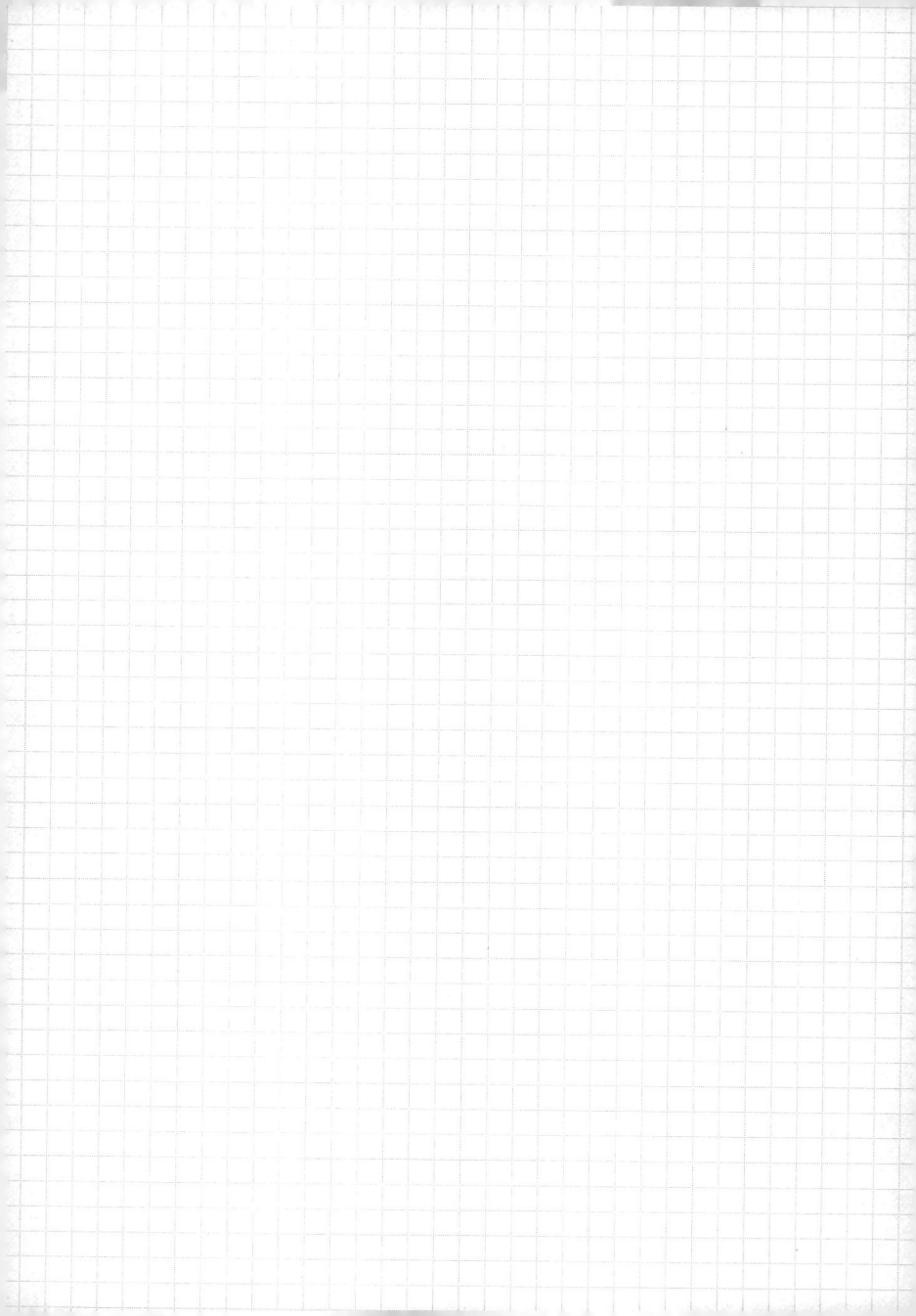

图书在版编目（CIP）数据

酒鬼一家：一起实现的事 / 老炭头著．— 南昌：百花洲文艺出版社，2019.3
ISBN 978-7-5500-3170-8

Ⅰ．①酒… Ⅱ．①老… Ⅲ．①生活管理 Ⅳ．①C913.3

中国版本图书馆 CIP 数据核字（2019）第 002873 号

酒鬼一家：一起实现的事
JIUGUI YI JIA：YIQI SHIXIAN DE SHI
老炭头 著

出 版 人 姚雪雪
出 品 人 李国靖
特约监制 夏 童 谭 欣
责任编辑 杨 旭
特约策划 柚小皮
特约编辑 柚小皮
封面设计 小茜设计
版式设计 王雨晨
绘 图 画 酱
出版发行 百花洲文艺出版社
社 址 南昌市红谷滩世贸路 898 号博能中心Ⅰ期 A 座 20 楼 邮编 330038
经 销 全国新华书店
印 刷 北京中科印刷有限公司
开 本 787mm×1092mm 1/32
印 张 11
字 数 164 千字
版 次 2019 年 3 月第 1 版第 1 次印刷
书 号 ISBN 978-7-5500-3170-8
定 价 69.80 元

赣版权登字：05-2019-5

发行电话 0791-86895108 网 址 http://www.bhzwy.com